DARWIN, LE HASARD ET DIEU

DU MÊME AUTEUR

Anatomie du système vasculaire des têtards de batraciens, M. Delsol et J. Flatin, Paris, Librairie de la Faculté des Sciences, 1972.

Hasard, ordre et finalité en biologie, suivi de « Négation de la négation. À propos de hasard et nécessité » par H.-P. Cunningham, Québec, Presses de l'Université de Laval, 1973.

Cause, loi, hasard en biologie, Paris, Vrin, 1985.

Traité de zoologie – Les amphibiens. Anatomie, systématique, biologie, t. XIV B : *Appareil uro-génital. Embryognèse – Éthologie. Origine, évolution, systématique*, M. Delsol et P. P. Grassé (dir.), 1986.

L'évolution biologique en vingt propositions. Essai d'analyse épistémologique de la théorie synthétique de l'évolution, Paris, Vrin, 1991.

Traité de zoologie – Les amphibiens. Anatomie, systématique, biologie, t. XIV A : *Appareil uro-génital. Anatomie et physiologie comparées de l'adulte et de la larve. La métamorphose et son déterminisme*, M. Delsol (dir.), 1995.

L'origine des espèces aujourd'hui. L'espèce existe-t-elle ? L'impasse ponctualiste, M. Delsol, J.-M. Exbrayat, R. Mouterde, J.-P. Parent, C. Ruget, Ph. Sentis (éd.), Paris, 1995.

Dictionnaire du darwinisme et de l'évolution, P. Tort (dir.), Paris, PUF, 1996.

L'hérédité des caractères acquis, Paris, PUF, 1998.

Médecine et biologie : quelle logique, M. Delsol et L. F. Perrin, Paris, Masson, 2000.

L'évolution biologique. Faits – Théories – Épistémologie – Philosophie, M. Delsol et J.-M. Exbrayat (dir.), 2 vol., Paris, Vrin, 2002.

SCIENCE – HISTOIRE – PHILOSOPHIE

Michel DELSOL

DARWIN, LE HASARD ET DIEU

Présentation et postface
de
Jean-Michel MALDAMÉ

PARIS
LIBRAIRIE PHILOSOPHIQUE J. VRIN
6, Place de la Sorbonne, V ^{e}
2007

© *Librairie Philosophique J. VRIN*, 2007

Imprimé en France

ISBN 978-2-7116-1936-8

www.vrin.fr

PRÉFACE

Dans les débats publics fortement médiatisés aujourd'hui, deux courants d'idées s'affrontent à propos de la théorie de l'évolution. Le premier est originaire des États-Unis; il est actuellement qualifié de créationnisme et s'inscrit dans la mouvance d'une tradition protestante dite fondamentaliste, à cause du primat donné à la lettre du texte biblique. Il rencontre en France des connivences dans les milieux catholiques conservateurs qui ignorent tout de la recherche biblique reconnue par le pape Pie XII puis officialisée par le concile Vatican II, et qui même méconnaissent la tradition spirituelle de la lecture des Écritures; ces tendances sont paradoxalement alliées aux intégrismes musulman et catholique. En face, se tient un autre courant qui domine l'opinion française et qui promeut un laïcisme de combat; ses tenants sont non seulement rationalistes, mais athées sur la base d'une philosophie matérialiste et scientiste.

Il est difficile de sortir de ce face à face. En effet, si l'on dit croire en un Dieu créateur, les uns vous taxent de créationniste; et si l'on reconnaît la valeur de la théorie de l'évolution, les autres vous considèrent comme matérialiste.

Il y a là une double erreur. L'une concerne le statut de la théorie de l'évolution, l'autre la valeur de la confession de foi en « Dieu tout-puissant créateur du ciel et de la terre » – expression qui reprend les termes de la Bible, autrement dit « de l'univers visible et invisible » dans la perspective de la philosophie grecque.

Dans ce contexte polémique où le rapport à la science et à la doctrine chrétienne traditionnelle est faussé, l'ouvrage de Michel Delsol est non seulement opportun, mais il est le signe de la vitalité d'une réflexion universitaire soucieuse d'interdisciplinarité. Il n'élude pas une rencontre raisonnée et argumentée entre théorie de l'évolution et foi chrétienne.

Certes, la foi chrétienne ne dépend pas d'une théorie scientifique. Elle est, en effet, la relation libre d'une personne avec Dieu qui se révèle comme vivant, personnel et transcendant. Elle relève d'une attitude intérieure où les raisons de croire sont proportionnées à la lumière divine et ne sauraient se soumettre aux résultats d'une expertise scientifique. La foi est aussi vécue en communauté; elle est donc formée et structurée par une pratique liturgique et sacramentelle induisant un rapport symbolique au monde qui ne varie pas nécessairement en fonction d'une découverte scientifique. Il n'empêche que la foi, quand elle cesse d'être piétisme ou dévotion infantilisante, n'est pas une dépendance passive, car elle est à sa manière le fruit et la source d'une vision du monde.

Pour cette raison, il y a une tension entre l'image du monde apportée par la théorie de l'évolution et l'image ancienne véhiculée par la catéchèse et la prédication dominicale. Cette tension est vécue comme une exclusion dans les deux courants évoqués plus haut; en réalité, elle doit être l'occasion d'une maturation de la foi pour les chrétiens et l'occasion d'un surcroît de rigueur pour les scientifiques. L'ouvrage de Michel Delsol montre une voie tant pour les scientifiques que pour les croyants désireux d'unité entre les savoirs, unité obtenue par le dialogue.

La tension entre l'enseignement ancien et la théorie de l'évolution porte sur plusieurs points : chronologie, présence et rôle de la mort, mystère du mal… Michel Delsol porte son attention sur un point précis qui est au cœur de la difficulté présente : la dignité de l'être humain. En effet, la méthode scientifique considère que l'humanité ne doit pas être mise à part dans l'étude de la vie, car l'être humain est *homo sapiens*, dans le genre *homo* et donc régi par la même biologie que les autres vivants – comme le prouve l'efficacité de la médecine basée sur la science. Plus encore, le processus évolutif est régi par un principe énoncé par Aristote : « la nature ne fait pas de saut ». S'il est faux de dire que l'homme descend du singe, il est vrai qu'il est sorti de l'animalité par émergence, et ce de manière continue. M. Delsol affronte courageusement cette question. Il se manifeste ainsi parfait « scientifique chrétien », puisque le pape Jean-Paul II dans le célèbre discours à l'Académie pontificale des sciences, après avoir reconnu la valeur de la théorie de l'évolution, mettait en garde contre l'oubli de la transcendance de l'être humain par rapport aux autres vivants. M. Delsol répond à cette exigence et il donne une réponse qui mérite attention, puisqu'elle reçoit les résultats de la science actuelle et montre comment la transcendance de l'être humain peut être reconnue.

Pour introduire à une lecture avisée de cette réflexion, il est bon de clarifier le sens des mots qui font partie du débat : évolution et création. Ces deux termes ont une certaine équivocité qu'il faut clarifier sans attendre.

Le terme évolution a plusieurs sens. D'une manière générale, dans le langage commun, il désigne un processus continu de transformation. Plus précisément, il désigne un processus où se réalise ce qui était en germe dans les premiers instants – c'est le sens qu'il a dans la vision romantique de la nature. Mais au sens strict employé par Michel Delsol dans son ouvrage, le terme se rapporte à une théorie. Celle-ci a été fondée par Darwin, mais elle est allée plus avant et il conviendrait de dire « théorie synthétique de l'évolution », pour qualifier la rencontre qui a eu lieu au milieu du XXe siècle entre diverses disciplines que Darwin ignorait – la génétique en premier lieu. Le terme évolution a enfin un autre usage. Certains scientifiques, pour éviter de se référer à une action créatrice, emploient le terme évolution comme sujet et acteur de ce qui advient dans la nature ; ils en font en quelque sorte l'agent immanent de toute vie – et on peut voir dans cet emploi un abus de langage car celui-ci peut être simplement une commodité, mais il connote une vision moniste de la nature et donc une métaphysique qui avance masquée.

Le terme de création est lui aussi porteur d'une certaine équivoque. En toute rigueur de terme, le terme a été élaboré par la rencontre de la Bible et de la philosophie grecque; il désigne la production totale de ce qui existe : tout l'être et tous les êtres sont le fruit de l'action d'un Dieu unique et transcendant. On l'exprime habituellement en disant que créer c'est faire à partir de rien; comme le concept de néant est non conceptualisable, on se trouve devant une difficulté que les non-philosophes ne perçoivent pas clairement. Le terme de création doit être distingué soigneusement du terme de transformation. Celui-ci désigne une action qui change le donné premier – c'est au sens littéral du terme, le passage d'une forme à une autre forme – comme le maçon fait passer un tas de briques à la forme du mur qu'il construit, ou le poète des mots du langage commun à la forme plus riche du poème. La création au sens strict n'est pas une transformation; elle est une production à partir de rien. Mais comme dans une transformation utile et béné- fique, il y a apparition d'une certaine nouveauté, on emploie le terme de création pour nommer une simple transforma- tion. Il y a donc deux sens du terme et on passe souvent d'un sens à l'autre – tant chez les scientifiques que chez les croyants. En un sens toute la difficulté est là : faute de comprendre la création au sens strict, en la confondant avec une transformation, on l'écarte, ou on la limite au premier instant de la durée.

Bien comprendre la distinction entre création et transformation permet de ne pas opposer science et foi. La science étudie des transformations, elle ignore tout de la création, tandis que la foi étudie une création qui est l'acte de Dieu contemporain de tout ce qui advient. L'adage commun le dit bien ; pour la science « rien ne se perd, rien ne se crée, tout se transforme ». Cette distinction est habituellement reprise dans le langage catéchétique par l'opposition entre comment et pourquoi – cette opposition n'est pas rigoureuse. Elle peut être utilisée si l'on n'oublie pas que la science traite de ce qui est sensible (l'univers visible), tandis que la foi traite en outre de ce qui n'est pas sensiblement perceptible (l'univers invisible).

Comme ces deux registres de pensée ne peuvent pas ne pas se rencontrer dans une certaine vision du monde, il importe de voir leur articulation et ce faisant de tracer un chemin qui honore et la science et la foi. Cette rencontre suppose une médiation critique, celle de la philosophie.

De cet exercice l'ouvrage de Michel Delsol donne une réalisation exemplaire tant par ses qualités de scientifique que de philosophe. Il fait plus qu'un exposé de conciliation, il propose un chemin qui s'appuie sur les sciences pour conduire l'esprit à reconnaître un Créateur.

Jean-Michel MALDAMÉ

PROLOGUE

La question de l'évolution et l'obligation de plus en plus évidente de prendre en compte les thèses de Darwin, inquiètent les chrétiens qui soupçonnent ces théories de remettre en cause la croyance en Dieu et la dignité unique de l'homme. Aux États-Unis, la querelle fait rage depuis presque un siècle entre les évolutionnistes et les création-nistes. La thèse dite de l'Intelligent Design représente l'un des épisodes de cette interminable inquiétude. A l'heure où j'écris ces lignes, le pape Benoît XVI vient d'organiser un colloque privé, invitant des spécialistes de ces questions pour se donner les moyens de réfléchir à ce sujet en toute connaissance de cause. Nul doute que nous nous trouvons en face d'un problème analogue à celui que posait l'affaire Galilée.

C'est pour répondre à ces appréhensions que je propose ce petit ouvrage à ceux qui craignent de devoir acheter la science au prix de la foi. Une vie entière passée à travailler sur l'évolution, d'un point de vue scientifique et philo-sophique, m'a persuadé qu'il n'y a nulle raison pour un chrétien de s'affoler devant les découvertes récentes. Un homme venu d'un singe, une éprouvette où se fabriquerait la vie, ne prêteront aucun argument aux promoteurs de l'athéisme, et je voudrais montrer que nos découvertes en la matière ne sapent ni le Créateur ni sa création.

Je rappellerai d'abord que la vie et la matière vivante ne sont qu'une chimie certes très complexe, mais que sans aucun doute on synthétisera demain. On a déjà fabriqué un virus, on peut penser, nous le verrons, que l'on pourra un jour plus ou moins lointain synthétiser artificiellement un spermatozoïde ou un ovule humain.

Dans un deuxième temps, je rappellerai, pour ceux qui l'ignorent encore, que l'évolution biologique n'est plus une hypothèse, et que les théories qui l'expliquent par un jeu de mutations sélectionnées apparues par hasard et triées par la sélection, ne peuvent plus être rejetées aujourd'hui.

Le troisième point, dont on parle beaucoup actuelle-ment, est relatif à l'apparition dans la lignée humaine de la mémoire, de la conscience, de la pensée, de l'intelligence. Ici, je m'étendrai plus longuement pour montrer que l'opinion des matérialistes du XIXe siècle était exacte. Ces auteurs affirmaient que ces étranges propriétés étaient le fruit de la seule action du cerveau et non pas, comme le croient encore beaucoup de croyants, à la source d'un esprit différent du corps que l'on appelle en général l'âme. Nous verrons que cela n'empêche pas de croire en l'existence de l'âme : ce n'est pas au niveau de ces propriétés humaines et notamment au niveau de l'intelligence, qu'il faut situer les caractères permettant de définir le propre de l'homme.

Je tenterai ensuite de situer où commence cet homme dont l'histoire n'est connue que par des séries fossiles reliant le simien à l'hominien. Je suggérerai une hypothèse relative à l'hominisation : celle d'une prise de conscience d'un groupe humain. Cette dernière position est entièrement personnelle et n'est pas construite sur des arguments aussi objectifs que pour les trois précédentes données.

Tout ce qui aura été écrit dans les parties précédentes peut laisser croire au lecteur que je défends une hypothèse totalement matérialiste de l'explication du monde. Je montrerai que telle n'est pas ma position. J'insisterai sur le fait que la science décrit et explique seulement le « comment » des choses et laisse le champ totalement libre à la philosophie pour discuter de ses « ultimes pourquoi ». Je reprendrai alors, mais avec les données modernes, les argumentations de Saint Thomas d'Aquin et montrerai que, malgré toute leur puissance, les thèses de la science actuelle ne contredisent nullement la pensée de cet auteur sur les preuves de l'existence de Dieu.

J'insisterai sur le fait que le hasard n'explique rien. J'essaierai alors de montrer, encore à titre d'hypothèse, que toutes les propriétés de la matière étaient incluses en puissance dans les éléments qui ont constitué la structure des premiers âges, c'est-à-dire ceux qui ont abouti au big-bang (le mot matière correspondant ici au sens populaire du terme).

J'espère dans ce texte faire comprendre aux croyants qu'ils ne doivent pas s'inquiéter des aspects actuels de la science par crainte du vide auxquelles ceux-ci paraissent parfois aboutir. Avant toute réflexion sur le monde ils doivent situer le niveau de leur savoir et bien distinguer la connaissance scientifique de la réflexion philosophique.

Chapitre premier

QU'EST-CE QUE LA MATIÈRE VIVANTE ?

C'est sur notre planète qu'apparurent les éléments les plus simples constituants de la matière vivante, il y a moins de 4 milliards d'années. Ce phénomène, que l'on essaie de comprendre depuis plus de 100 ans, a posé de gros problèmes scientifiques. Pour le saisir voyons d'abord un peu ce que sont les composants chimiques du cosmos et ceux de la matière vivante.

Tous les éléments du cosmos, y compris les êtres vivants, sont formés de certains corps que l'on a découverts peu à peu depuis la fin du XVIIIe siècle surtout : l'hydrogène, l'oxygène, le fer, le carbone, le silice, l'or, le mercure, au total une centaine. On les appelle les corps simples. Ces éléments peuvent s'associer entre eux de façon stable, et donnent des milliers de corps chimiques que l'on appelle des corps composés. Les combinaisons de ces corps peuvent être extrêmement sophistiquées, celles qui constituent la matière des êtres vivants le sont infiniment plus que les autres. En outre, chez les vivants ce sont presque tous des composés du carbone. On commence à bien connaître ces structures, mais il y a encore un très grand nombre d'inconnues. Une première question s'est posée. Pour que les vivants les plus primitifs apparaissent, il fallait que ces molécules complexes se constituent d'elles-mêmes par les seules lois de la nature, lorsque la terre primitive fut formée, il y a un peu plus de 4 milliards d'années environ. Au début du XXᵉ siècle, on a compris qu'à cette époque l'atmosphère terrestre était dépourvue d'oxygène mais contenait seulement du méthane, de l'azote, de l'hydrogène et d'autres gaz. On a construit des théories suggérant que, comme il n'y avait pas encore sur la terre d'oxygène, les éléments hautement structurés, qui devaient constituer les premières traces de vie, avaient dû apparaître suivant des systèmes pour lesquels on bâtit de complexes hypothèses chimiques. Une partie d'entre elles a été vérifiée en laboratoire pour la première fois en 1953 par le biochimiste américain Miller. On n'avait pas pu réaliser cette expérience jusqu'à cette époque, car les théories imaginées suggéraient que les substances fabriquées devaient l'être en si petite quantité que l'on ne pouvait pas les détecter avec les systèmes d'analyses chimiques de la première moitié du XXᵉ siècle. Or, dans les années 40, on découvrit une nouvelle méthode qui permettait de déceler même des traces de matière organique. On pouvait tenter l'expérience. Miller plaça de l'eau dans un ballon de chimiste et y créa une atmosphère sans oxygène analogue à celle supposée avoir été des premiers âges. Cette expérience donna les résultats espérés : il se produisit dans le ballon des substances organiques correspondant à celles de la matière vivante. Aujourd'hui, les chercheurs étudiant ces questions ont poussé leur synthèse beaucoup plus loin ; avec des méthodes très complexes ils ont même réussi à reconstruire un virus. Un virus n'est pas tout à fait un être vivant, mais il est intermédiaire entre la matière non vivante et la vie. Depuis peu certains pensent même qu'il fut historiquement intermédiaire entre la vie et la matière chimique originelle.

L'hypothèse suggérant que les virus d'ARN sont à la base de l'histoire de la vie est devenue si intéressante que le titre de l'article de *La Recherche* traitant de cette question fut justement : « Au commencement était le virus ».

On voit que nous sommes loin de l'époque où l'on croyait que le virus n'était qu'un parasite dégénéré. Évidemment ceci n'est présenté que comme une hypothèse, l'auteur le précise bien, mais on peut considérer que c'est une « bonne hypothèse ».

Chez ces premiers êtres qui étaient donc peut-être des virus d'ARN il se forme ensuite un jour de la chlorophylle. Cette substance aujourd'hui bien connue existe chez les végétaux et a la propriété d'absorber le gaz carbonique de l'atmosphère. Elle conserve le carbone, fabrique des produits hydrocarbonés et rejette une partie de l'oxygène de ce gaz carbonique. A partir de ce moment là, très lentement, en plusieurs centaines de millions d'années, l'atmosphère de la planète se charge d'oxygène. Dans cette nouvelle atmosphère il se constitue alors des vivants de type animal qui eux ont besoin d'oxygène pour vivre. Ainsi aurait commencé l'étrange aventure de la vie. Évidemment il y a dans ce schéma beaucoup d'hypothèses, mais ce qui n'est plus douteux pour les biochimistes d'aujourd'hui c'est le fait que la vie s'est constituée à partir de ces premières synthèses. On peut donc dire sans hésiter que la vie biologique c'est de la chimie.

On ne sait pas encore toutefois comment apparurent les premiers êtres très simples, formés d'une seule cellule, mais qui sont sans conteste des vivants : les bactéries par exemple, dont les descendants très nombreux sont bien connus actuellement et ont gardé à peu près les principales caractéristiques de la structure de ces premiers êtres. Ce qu'il est important de savoir c'est qu'aujourd'hui les biochimistes admettent sans hésiter que « la vie c'est de la chimie », une chimie certes très complexe, mais dont on synthétisera un jour de très petits éléments, des bactéries par exemple.

Par la suite, il y a peut-être un peu plus d'un milliard 500 millions d'années, se formèrent sur notre planète des formes cellulaires qui ressemblaient un peu aux paramécies et aux amibes que nous connaissons elles aussi aujourd'hui. C'étaient des êtres unicellulaires avec un noyau. Il y a 800 millions d'années environ apparurent des êtres formés de cellules associées, les pluricellulaires, dont les plus simples étaient également assez proches de leurs survivants actuels : les éponges de mer, par exemple. Puis vinrent des êtres plus complexes encore tels que les coraux actuels. Il y a 450 millions d'années, ce furent les poissons, 100 millions d'années ensuite, les amphibiens (grenouilles, salamandres), puis très vite les reptiles qui acquirent la célébrité. Pendant 250 millions d'années ils occupèrent la planète et donnèrent ces êtres extraordinaires dont les squelettes ont été retrouvés un peu partout aujourd'hui : les dinosaures. Il y a 65 millions d'années, les dinosaures disparurent, peut-être parce qu'une météorite géante frappa la planète et provoqua une atmosphère de fumées et de gaz qui détruisit des dizaines de milliers d'espèces ou bien plus encore. Des reptiles de ce temps, il ne survit que les lézards, les serpents, les crocodiles, les tortues. ... Cependant, avant de disparaître, ils avaient donné les oiseaux et les mammifères. On est peut-être étonné que les premiers descendent des dinosaures. Il faut préciser qu'à côté des géants de ce groupe existaient de très petits dinosaures, gros comme des pigeons. Ceux-ci donnèrent les oiseaux.

A ce moment également de petits mammifères, présents déjà depuis 100 millions d'années, mais restés petits, se développèrent et donnèrent bientôt un nombre considérable d'espèces, les marsupiaux d'Australie, les chevaux, les ruminants, les rats, les éléphants... et il y a 3 millions d'années environ, les hommes.

Il faut bien préciser qu'entre les groupes que nous venons de voir, il y a des intermédiaires vivants ou fossiles, tellement « intermédiaires » que parfois l'on ne peut dire exactement dans quel lot on peut situer certaines espèces. Ainsi, les fossiles des premiers oiseaux ont été à l'origine appelés reptiles volants. De même, certains groupes de poissons encore vivants dans les régions du fleuve Congo pourraient aussi être considérés comme des batraciens.

Pendant que se développait cette lignée, apparurent des centaines de milliers d'autres espèces : des invertébrés, comme les insectes, et sur une autre branche encore plus éloignée, les végétaux et les champignons.

On sait que toutes les formes actuellement survivantes de cette époque lointaine et les fossiles qu'elles nous ont laissés, ne sont pas dans un désordre inclassable, elles sont constitués en espèces, ce qui veut dire qu'elles constituent des groupes dont les sujets se ressemblent et peuvent se croiser entre eux tandis que ceux d'espèces différentes ne peuvent pas se croiser et s'ils le font, ils donneront souvent des descendants inféconds. La définition de l'espèce est donc très floue, nous y reviendrons. Les espèces ont deux noms latins (*canis canis*). Les espèces très voisines constituent des genres. Le premier nom latin est celui du genre (le chien *canis canis*, le loup *canis lupus*, le renard *canis vulpes*), les genres constituent des familles, les familles des ordres, etc. Cette classification n'est pas simple. Il y a aujourd'hui plus d'un million environ d'espèces définies et classées, mais on estime qu'il y en a encore plus de 10 ou même 20 millions d'inconnues. Les espèces des fonds des mers ou celles des forêts tropicales ne sont souvent pas décrites et n'ont même pas de noms latins.

Deux points se dégagent :
– La vie biologique est un processus strictement physico-chimique, elle s'est construite au début des temps sous l'effet des lois mêmes de la matière. On a du reste rebâti en laboratoire des virus ARN, et on peut suggérer aujourd'hui que les formes de ce type ont été intermédiaires entre la vie et la non vie. Il est logique de penser que dans quelques décennies on fabriquera de la matière vivante, c'est l'opinion quasi unanime de tous les biologistes.

– Nous avons résumé de la façon la plus sommaire qui soit l'histoire de la vie sur la Terre, et ceci montre que l'homme est le fruit d'une longue épopée.

Une grande question se pose alors aux scientifiques qui ont découvert au cours du XIXᵉ et au début du XXᵉ siècle cette étrange généalogie du monde vivant : quels sont les mécanismes qui ont causé ces transformations ? Ce sera l'objet de la prochaine partie.

Chapitre II

L'ÉVOLUTION BIOLOGIQUE
LE FAIT ET SES MÉCANISMES

On a compris ce phénomène évolutif en biologie, longtemps dénommé le «*transformisme*», en comparant les espèces qui constituaient le monde et les pièces fossiles d'animaux disparus, que les paléontologistes ont étudiés. Cet examen a révélé que ces êtres se suivaient comme dans une généalogie à plusieurs branches. Cette argumentation a été complétée par beaucoup d'autres faits. Ici nous appellerons cette séquence une phylogenèse.

Cependant, le phénomène ainsi décrit est seulement un fait. On en a proposé, pour comprendre les causes qui l'ont produit, deux grandes théories explicatives. La première est aujourd'hui abandonnée; malgré cela nous la rappellerons sommairement, car elle hante encore les esprits. La deuxième est celle de Darwin, publiée en 1859, qui a été beaucoup complétée depuis et qui est admise par presque tous les spécialistes de ces questions.

LES DEUX GRANDES THÉORIES EXPLICATIVES DE L'ÉVOLUTION

En science, dès que l'on a découvert un fait on cherche à en trouver les causes. Dès que le biologiste français Lamarck, le premier, en 1801, eut compris le fait de l'évolution, il chercha à l'expliquer par le phénomène de l'hérédité des caractères acquis par l'habitude. On peut résumer sa pensée comme suit.

Prenons un exemple simple qui raconte la façon dont se serait construit le long cou de la girafe. Les girafes étaient des animaux qui avaient un cou court, comme les autres espèces de mammifères : les vaches, les chevaux, les chiens, etc. Elles se nourrissaient de l'herbe qu'elles broutaient. Dans le pays où elles vivaient, il y avait des arbres. L'herbe vint à manquer. Les girafes prirent l'habitude de manger des feuilles d'arbres et pour cela elles tiraient sur leur cou. Au cours de leur vie celui-ci s'allongea. Cet allongement, acquis par l'habitude, devint héréditaire. Les descendants des premières girafes qui mangeaient des feuilles d'arbre eurent un cou plus long que celui des parents lorsqu'ils étaient jeunes, c'est à dire avant que l'habitude de tirer sur leur cou ne fût prise. Il en fut ainsi de génération en génération, jusqu'aux girafes que nous connaissons aujourd'hui.

L'allongement du cou acquis par l'habitude devint héréditaire.

Cette théorie fut discutée pendant tout le XIXe siècle et l'est encore parfois aujourd'hui. On se demanda de façon générale si des caractères acquis ainsi par l'usage pouvaient expliquer l'évolution.

En 1859, lorsque le biologiste anglais Darwin publia «*L'origine des espèces*», il reprit l'idée lamarckienne de transformisme, mais proposa une explication causale plus complexe qui ne fut vraiment reconnue comme hautement intéressante que 40 ans plus tard, lorsqu'on redécouvrit les lois de l'hérédité qu'un religieux autrichien, Mendel, avait découvertes dans les années 1860 et qui avait été oubliées. Il faut noter toutefois que Darwin ne réfuta pas les idées de Lamarck, il les considéra comme une explication complémentaire et secondaire.

Pour mieux faire comprendre la théorie darwinienne, on va reprendre, mais à la manière de Darwin, l'histoire du cou de la girafe.

a) Darwin constata que toutes les espèces fabriquaient tellement de descendants que si tous arrivaient à l'âge adulte la terre en serait vite peuplée. Ainsi certaines grenouilles des Alpes pondent 10.000 œufs par an et à peine un d'entre eux arrive à l'âge de la reproduction. Darwin se demanda alors quels sont ceux qui survivent. Beaucoup meurent par hasard, mais ceux qui sont mieux adaptés à leur milieu ont plus de chance de survivre.

b) Parmi ceux-ci certains présentent une modification brusque due à erreur de la transmission héréditaire et il apparaît un individu qui a un cou plus long. Darwin ignorait alors ce qu'était le système des caractères héréditaires.

c) Ce sujet se nourrit beaucoup mieux et fait disparaître les feuilles plus vite, les girafes à cou court meurent plus vite et ont moins de descendants.

d) Dans les siècles qui suivent, une girafe à cou plus long encore apparaît peu à peu et à son tour remplace les précédentes.

De génération en génération le cou s'allonge ainsi et les animaux deviennent ceux que nous connaissons aujourd'hui.

Chez Darwin c'était donc un changement héréditaire, plus ou moins mystérieux et encore inconnu qui provoquait d'emblée l'allongement du cou et, tandis que les sujets qui ne possédaient pas cet allongement mouraient, ceux qui le possédaient survivaient et étaient sélectionnés. La sélection jouait donc un rôle majeur.

LA THÉORIE DARWINIENNE,
SA DÉMONSTRATION DE BASE

On abandonna peu à peu la théorie de l'hérédité des caractères acquis pour diverses raisons.

D'abord toutes les expériences réalisées par les auteurs pour essayer de la prouver s'avérèrent négatives. Ensuite, quelques décennies après la mort de Darwin, on devait découvrir que l'idée des corpuscules, dotés des capacités de transmettre les caractères héréditaires était juste. Darwin l'avait imaginée sans preuve dans un coup de génie. Il ne s'était pas trompé. On sait que Gregor Mendel avait reconnu cela dans les années 60 du XVIIIe siècle. Ses expériences étaient passées inaperçues. Vers 1900 on les redécouvrit et on appela loi de Mendel les lois de l'hérédité. Les changements de ces corpuscules dénommés gènes furent aussi reconnus et dénommés mutations.

Ces lois de la science de l'hérédité, appelée la génétique, que l'on venait de découvrir et que l'on étudia énormément à partir des années 1910 sous l'impulsion du généticien américain Morgan, possédaient un caractère particulier rare en biologie surtout à cette époque; elles avaient une structure qui pouvait s'exprimer en termes mathématiques.

Dès les débuts du XXe siècle, on prouva mathématiquement à partir d'elles que dans une population, s'il n'y avait pas de sélection, rien ne changeait et il ne pouvait exister d'évolution. Ceci était bien établi par des raisonnements statistiques.

Si l'on admet alors que sans sélection il n'y a pas d'évolution, on pourra envisager de calculer des coefficients de sélection théoriques pour un gène supposé, les appliquer à des populations également théoriques, et calculer en combien de temps, dans ces populations, les sujets porteurs de ce gène remplaceront les autres, c'est-à-dire en combien de temps cette population évoluerait au niveau de ce gène.

A leur propre surprise, les mathématiciens des années 30 démontrèrent par cette méthode que l'évolution devait aller assez vite. De petites évolutions pouvaient donc s'observer dans le cadre d'une vie humaine. Mais il fallait évidemment des expériences extrêmement précises et très minutieuses pour démontrer ces faits. On se demanda alors sur quelles espèces on pouvait essayer de vérifier ces calculs théoriques : on pensa à la mouche drosophile.

On a vu que l'une des grandes idées de Darwin tenait au fait que les couples de toutes les espèces pondent tant de sujets que si tous les œufs arrivaient à l'âge adulte, les sujets de cette espèce envahiraient très vite l'univers.

Il fallait faire vivre des mouches drosophiles dans une cage déterminée pouvant en contenir un nombre limité. On mélangea des mouches normales avec quelques mouches mutantes de divers types. Comme chaque couple pond 100 œufs par génération et qu'une génération de mouches se reconstruit en trois semaines, il n'y aura très vite plus assez de nourriture ni de place. Ainsi, si la théorie mathématique est juste, les mouches les mieux adaptées survivraient mieux que les autres. Sous l'impulsion des biologistes français Teyssier et L'Héritier, on fabriqua des cages à nourriture limitée, organisées de façon à ce que seulement 3 000 mouches puissent survivre. On essaya diverses combinaisons d'élevages, des mouches à œil normal rouge mélangées à des mouches œil bar (plus petit), des mouches à œil normal (rouge) et des mouches à œil blanc, des mouches à œil normal et à œil jaune (*yellow*), etc.

Les mouches ont en général les yeux rouges et grands. Les yeux bars sont des mutants découverts dans la nature. Les yeux yellow sont des mutants découverts un jour dans un élevage de laboratoire. Or on observa que dans une cage, les grands yeux rouges remplaçaient les bars, ils étaient donc mieux adaptés à la vie, mais par contre les yellow, mutants observés par les scientifiques, faisaient, en partie, disparaître les grands rouges. Pour qu'une population en remplace une autre, il fallait toujours plusieurs générations, par exemple une quinzaine pour que les yeux grands et rouges remplacent les yeux bar. Les résultats, si l'on se plaçait exactement dans les mêmes conditions, étaient à peu près semblables et présentaient les mêmes courbes de remplacement. Il y avait donc bien un certain coefficient d'avantage des uns par rapport aux autres que l'on appela coefficient de sélection. On alla plus loin encore. Dans certains cas exceptionnels, car c'était très difficile, on parvint, non pas à mesurer, mais plutôt à évaluer, le coefficient d'avantage de certains mutants porteurs d'une mutation sur d'autres qui ne l'avaient pas. Dans ces cas, on pouvait théoriquement calculer en combien de générations, dans une cage déterminée, un lot de mouches en remplacerait un autre muté. Curieusement une expérience donna des chiffres correspondant aux calculs théoriques. On ne pouvait plus nier la réalité du concept de sélection darwinienne.

Précisons que depuis les années 40, des travaux de ce genre avec des cages ont été réalisés suivant tous les systèmes possibles et dans les conditions les plus diverses ; elles ont toujours donné des résultats prouvant cette réalité.

Les idées des mathématiciens et les expériences réalisées avec des formules chiffrées ont toujours impressionné les biologistes.

En outre, elles démontraient que l'évolution d'une mutation avantageuse pouvait très vite se révéler mesurable et donc visible. Un chercheur pouvait donc en quelques mois ou en quelques années de sa vie entreprendre de telles expériences. Cela lui permettait d'espérer avoir des résultats positifs ou négatifs modestes, mais suffisants, pour démontrer la valeur du darwinisme.

Évidemment, les choses n'étaient pas toujours aussi simples. Ainsi des calculs théoriques révélèrent que, lorsqu'une petite population contenant quelques mutants s'échappait d'une grande population et constituait une nouvelle petite unité de vie sans lien avec la souche ancestrale, les transformations évolutives du petit groupe isolé devaient se réaliser beaucoup plus vite que dans les grandes populations. Ici encore la validité des calculs mathématiques à l'origine de ce phénomène fut démontrée quelques années plus tard, en France, par le biologiste Maxime Lamotte.

Cependant, les centaines d'études de ce genre, peut-être des milliers, étaient toujours des travaux de laboratoire. Or, les biologistes aiment beaucoup savoir ce qui se passe dans la nature. Le laboratoire ne leur suffit pas pour prouver la réalité d'une théorie. C'était très difficile. Nous avons écrit que l'un des points majeurs de la théorie darwinienne résidait dans le fait que chaque couple fabrique un nombre considérable de descendants et qu'il y a concurrence entre les sujets d'une même espèce, voire d'une même ponte, dans un même lieu, parce qu'il n'y a pas assez de nourriture ni de place ou parce que les prédateurs aiment mieux certains sujets que d'autres. Dans la nature on ne pouvait pas utiliser un système ressemblant à celui des cages à populations. Toutefois, avec des travaux très précis, qui devaient s'étaler souvent sur de vastes régions, on est arrivé à des résultats aussi valables que ceux obtenus dans les cages.

Les premières expériences réalisées ainsi dans la nature au milieu du XXᵉ siècle portèrent sur un détail : la couleur grise ou noire d'une espèce de papillons mangés par les oiseaux. On démontra d'abord, avec des élevages, que cette couleur était due à des gènes et non pas à la nourriture ou au lieu de vie. Ensuite, on démontra avec des observations variées et chacune très longue et précise, que lorsque les papillons gris vivaient dans des régions noircies par la fumée des usines, ils étaient beaucoup mieux reconnus par les oiseaux et disparaissaient tandis que les mêmes gris dans les régions où les arbres sont gris survivaient alors très bien et les noirs étaient mangés par les prédateurs.

Tout ceci nécessitait des mois d'observation, dans des régions différentes, en suivant des animaux parfois à la jumelle. On « lâcha » aussi des sujets marqués avec des taches de peinture et on les ramassa dans la nature avec des pièges. Tout ceci démontra si bien le rôle de la sélection darwinienne que ces expériences sont citées en sciences naturelles dans les programmes scolaires pour démontrer la réalité du darwinisme.

On a réalisé beaucoup moins de travaux dans la nature qu'en laboratoire, mais le temps des chercheurs passé à ces recherches a été extrêmement long. Ces travaux des premières décennies ont été résumés dans un gros livre par le biologiste anglais Ford (traduction française en 1972).

Tous les résultats observés confirment l'idée qu'on ne peut plus aujourd'hui nier la validité du système darwinien en laboratoire et dans la nature.

Un problème se pose. Toutes les recherches effectuées sur ces sujets ont été établies sur des détails de l'anatomie des êtres : formes, dimensions d'un organe, couleur de l'œil des drosophiles, forme des ailes, couleur des papillons, etc. Personne n'a pu en nier les résultats. Peut on alors penser que de telles petites modifications sélectionnées permettent seulement d'expliquer le passage d'une population à une autre très voisine, mais de la même espèce ? Tout ceci ne représente que de petites transformations d'individus, c'est-à-dire des évolutions mineures.

Il est facile de deviner que l'on ne pouvait pas dire pour autant que ceci suffisait à comprendre le passage d'une espèce à l'autre et celui d'un grand groupe zoologique à l'autre, d'un reptile à un oiseau, par exemple. On pouvait aussi se demander si ces résultats étaient suffisants pour expliquer la formation d'un organe complexe comme le rein, le cœur, l'œil, ou le cerveau. Nous allons étudier ces problèmes.

LE PASSAGE D'UNE ESPÈCE À L'AUTRE DANS LA THÈSE DARWINIENNE DEVENUE AUJOURD'HUI THÉORIE SYNTHÉTIQUE

L'opinion publique pense que les espèces sont nettement différentes les unes des autres et ne se croisent pas. C'est en bonne partie faux. En les analysant de près, on voit que les espèces sont composées de nombreuses races, les races de vaches sont connues et celles des chiens plus encore. Dans ces exemples, la constitution de races a été amplifiée par la domestication. Les éleveurs ont sélectionné au cours des âges des animaux particuliers. Mais ce que les éleveurs ont fait rapidement, la nature l'a fait aussi, plus lentement. Ainsi, il y a beaucoup de races différentes de loups et de beaucoup d'espèces sauvages. Or, on a pu établir que les races de chiens les plus proches des loups se croisent parfois avec eux et donnent des descendants viables et féconds. On sait aujourd'hui que les croisements entre espèces très voisines sont bien plus fréquents qu'on ne le croyait autrefois. En étudiant de façon précise un genre de mouche drosophile on s'aperçoit qu'il peut contenir plusieurs centaines d'espèces ; chez l'un d'eux on a réalisé environ 350 croisements entre des espèces de ce même genre. On a noté que dans plus de 30 de ces croisements, il se formait des descendants normaux, se croisant parfaitement avec les 2 espèces parentales et donnant des descendants parfaitement féconds. En somme, il y a des populations animales que l'on avait considérées, à cause de leur structure morphologique, comme 2 espèces différentes, mais qui se croisaient très bien. On est donc amené à penser que des ensembles de sujets d'une même espèce, réunis en une population isolée deviennent peu à peu une autre espèce voisine, et peu différente de celle dont elles sont issues. Ce passage peut demander des siècles.

Pour comprendre ce phénomène, citons quelques faits.

Il existe dans la région de Toulouse, un cloporte qui correspond à une espèce que nous appellerons X, et en Espagne, autour de Madrid, une autre espèce de cloporte assez voisine, Z. Or, en étudiant les cloportes situés dans les Pyrénées, le biologiste Vandel a pu voir que l'on passait lentement de X à Z sans que l'on puisse dire exactement en quel lieu X devient Z. Notons que l'on simplifie à l'extrême l'exposé de ces premières observations. On connaît 20 à 30 phénomènes de ce genre. Pour les cloportes, comme pour les autres cas, les petits changements à toutes les étapes sont des petites mutations. On a suivi dans la nature les possibilités de croisements d'espèces qui se différencient morphologiquement l'une de l'autre et on a pu suivre la perte des possibilités de croisement entre les points A et B, B et C, C et D, etc.

On connaît environ une quarantaine de faits très étudiés de ce genre portant, certains sur la morphologie, d'autres sur la perte de possibilité de croisement entre deux espèces voisines. On en connaît aussi en paléontologie.

Les spécialistes de cette science ont aussi suivi dans des couches de terrains des ensembles de fossiles d'ammonites, par exemple. Ils les ont vus se transformant peu à peu d'âge en âge. On les voyait en somme changer d'espèce, mais on ne pouvait pas dire où se situait le changement, car celui-ci était si lent et si progressif que l'expression « changer d'espèce » perdait même son sens. On connaît, chez les ammonites, un cas où l'on a estimé qu'il y avait un changement graduel de genre. On peut dire en somme qu'il y a des lignées de populations qui se transforment peu à peu au cours des âges et passent lentement ou rapidement, suivant la période, d'une espèce à une autre. C'est la population toute entière d'une région qui se transforme peu à peu. Il faut donc bien préciser que c'est une population de l'espèce qui se transforme, tandis que d'autres populations plus ou moins éloignées, mais de la même espèce, peuvent rester relativement stable dans le même temps.

Le système des espèces, dont la classification nous paraît aujourd'hui bien comprise, est donc en partie artificiel. Ce sont des stades de leur évolution que nous appelons espèces aujourd'hui. Dans 100 000 ans, les descendants d'une population en un même lieu seront parfois restés stables, et parfois au contraire, seront devenus si différents que nous leur donnerions un autre nom d'espèce. Dans le cas des ammonites citées plus haut, les paléontologistes n'étaient pas d'accord sur le point où il fallait marquer la coupure entre les espèces. Ils définirent leurs coupures arbitrairement.

Or, tout ceci s'explique très bien par le système des mutations sélectionnées. Dans une population géographiquement assez isolée, il apparaît des mutations. Beaucoup sont désavantageuses; les sujets porteurs ne peuvent pas survivre et meurent. On sait que chaque couple fabrique

beaucoup plus de sujets que la région ne peut en supporter.
Cette mortalité est donc classique et logique. Quelques
mutations sont avantageuses; les porteurs survivent mieux
et ont beaucoup de descendants, la population se modifie.
En se modifiant ainsi millénaires après millénaires, la structure de chaque sujet change tellement que si nous exami-
nons cette population longtemps après, nous considérons
que c'est une espèce différente de celle qui vivait 100 000
ans avant par exemple.

   Une théorie, le ponctualisme, a prétendu qu'il y avait
des sauts brusques entre les espèces; nous ne croyons pas
utile de nous y attarder car elle nous semble, avec de
nombreux biologistes, une erreur d'analyse. Il y a bien dans
quelques cas des sauts génétiques brusques qui fabriquent
une espèce nouvelle, les faits de ce genre sont connus
depuis les années 20 du XXe siècle, mais ce n'est pas un
cas général et il se produit presque toujours sur les végétaux. Enfin il faut rappeler que, même chez les animaux,
lorsqu'une petite population se sépare d'une grande pour
former une colonie nouvelle, la spéciation est alors
beaucoup plus rapide. C'est ce que l'on appelle « un effet
fondateur ». Ce système de spéciation est relativement
fréquent.

   On comprend alors que ceci pose question sur la belle
histoire biblique. Nous préférons, pour bien séparer les
niveaux de réflexion, étudier ce problème à la fin de notre
exposé. Dans cette première partie de notre texte, nous
demeurons dans le domaine des sciences biologiques.

Nous avons voulu faire comprendre jusqu'ici que la théorie des mutations sélectionnées expliquait la formation des espèces. On a vu qu'elle réussissait très bien. Qu'en est-il des grands groupes du monde animal et végétal ? Comment passe-t-on de l'un à l'autre ?

LE PASSAGE D'UN GRAND GROUPE À L'AUTRE
DANS LA THÈSE DARWINIENNE

Nous avons vu que le monde vivant était composé d'espèces et que celles-ci étaient réunies en groupes qui paraissaient parfois très différents l'un de l'autre : les poissons, les grenouilles, les reptiles, les oiseaux, les mammifères, les insectes, etc. On a réalisé une classification phylogénétique de ces grands groupes.

On va alors se demander si le système des mutations sélectionnées permet encore de passer d'un de ces grands groupes à l'autre.

Une réponse immédiate à cette difficulté vient très vite à l'esprit de cette catégorie de scientifiques de moins en moins nombreux aujourd'hui : les spécialistes de la vieille zoologie et de la paléontologie, c'est-à-dire ceux qui connaissent le mieux l'histoire du monde vivant. Pour la plupart d'entre eux, il paraît assez clair que dans les groupes de la classification qui ont un squelette et qui ont donc laissé beaucoup de fossiles, l'existence de ces grands groupes ne doit leur dénomination qu'à des coupures arbitraires. En effet, nous connaissons entre eux, soit des intermédiaires fossiles très nombreux, soit même parfois des intermédiaires demeurés à l'état de fossiles vivants. C'est-à-dire des formes si peu évoluées qu'elles ont gardé leur caractère primitif.

La question du passage des reptiles aux mammifères ou aux oiseaux ne se pose plus, tant il existe de fossiles. Pour le passage des poissons aux batraciens, nous avons des fossiles et des formes survivantes.

On ne peut plus douter aujourd'hui que le passage d'un grand groupe à l'autre s'est réalisé en règle très fréquente espèce par espèce et, comme on le dit parfois dans le langage mathématique, nous sommes donc ramenés au problème précédent. Il n'y a pas de grands groupes (hauts taxas) avec des sauts particuliers, il n'y a que des espèces se transformant de l'une à l'autre par le jeu des mutations sélectionnées. Certes, il existe dans notre classification des espaces sans fossiles, mais ils se comblent de décennies en décennies. Ainsi, il y a une vingtaine d'années on n'avait pas de fossiles entre les baleines et les autres mammifères, aujourd'hui on en a trouvé plusieurs. On pourrait citer d'autres exemples.

LA CONSTRUCTION DES GRANDS ORGANES DANS LA THÈSE DARWINIENNE

Certains auteurs ont prétendu qu'il paraissait impossible que des organes complexes comme l'œil aient pu se réaliser par le jeu des mutations sélectionnées. Comment le hasard (nous définirons ce mot plus loin : rencontre de séries causales indépendantes), a-t-il posé en face l'un de l'autre la cornée et le cristallin qui joue dans l'œil le rôle des lentilles d'un appareil photographique, et la rétine qui joue le rôle de la plaque de ce même appareil ? Qui plus est, ces organes sont exactement chacun à leur place.

Il y a deux raisons pour expliquer cette étrange construction.

a) On a ignoré longtemps qu'en embryologie, les organes s'induisent souvent de l'un à l'autre. Ici, chez une espèce de batraciens, on a prouvé que c'est la région de la rétine qui induit la construction du cristallin, c'est-à-dire sécrète des substances chimiques qui transforment en cristallin la peau située au-dessus d'elle ; le cristallin induit ensuite de la même façon la cornée. Ainsi, lorsque la rétine induit le cristallin, il se construit une lentille très caractéristique bien arrondie. Cette rétine sera en contact de la peau située au-dessus d'elle, et par ce contact elle transformera cette peau en cornée. Celle-ci aura donc exactement sa forme. Puisque le cristallin est rond, la cornée sera ronde et située exactement en face.

On sait depuis une vingtaine d'années que chez certaines espèces le système des inductions est plus complexe que cet ancien schéma simplifié qui date des années 30 du XXᵉ siècle, mais le principe du système demeure. Ainsi, chez d'autres espèces de batraciens, c'est toute la

peau de la région antérieure de la tête qui devient cristal-
loïde et il semble que dans ce cas, la région rétinienne a
seulement pour fonction de limiter la poussée de la zone qui
sera vraiment cristallinienne.

b) Il faut préciser en second lieu que les yeux se sont
construits très lentement probablement en 5 à 600 millions
d'années par petites étapes. On a pu le savoir indirectement
parce qu'on a suivi l'histoire de l'œil, avec des espèces plus
ou moins primitives encore vivantes aujourd'hui, chez des
vers par exemple. Le long de cette série vivante c'est la
même région génique qui a donné l'œil et s'est complexi-
fiée avec le temps. Ainsi avant de donner l'œil actuel la
région génique, qui en assure la formation, est passée par
des étapes intermédiaires toutes fonctionnelles à leur façon
et se complexifiant d'âge en âge. On pourrait ainsi décrire,
mais il faudrait des pages et des pages, ces transformations
de l'œil au cours du temps. On connaît des animaux primitifs chez lesquels l'œil n'est composé que d'une seule
cellule qui joue un rôle rétinien, d'autres qui en ont deux,
quatre, d'autres huit, d'autres un véritable petit tapis
rétinien sans cristallin ni cornée et donc ouvert directement
à l'extérieur. Nous arrêtons là cette évocation historique
sommaire.

On rappellera aussi que des calculs assez simples ont
montré que des mutations avait pu suffire pour fabriquer ces
yeux complexes, grâce au temps bien sûr !

LES SYSTÈMES DE CONSTRUCTION EMBRYOLOGIQUE ET PHYLOGÉNÉTIQUE DE L'ÊTRE VIVANT FACILITENT LE SYSTÈME DES MUTATIONS

Lors de sa construction embryologique et phylogénétique l'être vivant utilise un certain nombre de processus qui sont en accord parfait avec la théorie imaginée par les darwiniens. Nous citerons ici deux types de faits seulement.

Le système multiplicatif

En apparence, un être vivant est immensément complexe. Il est formé de plusieurs milliers, voire même de centaines de milliards de cellules, mais il ne faut pas oublier que beaucoup d'ensembles cellulaires correspondant à des tissus sont très souvent construits avec des éléments tous semblables. Tous les muscles du corps sont formés des mêmes cellules ; le foie est constitué de lobes contenant tous les mêmes cellules : les cellules hépatiques. L'os est formé de systèmes haversiens tous semblables, la rétine évoquée est composée essentiellement de deux types de cellules semblables, etc.

On comprendra alors que l'action d'un très petit gène et d'une très petite mutation puisse être facilement multipliée. En effet, si par exemple au niveau des gènes qui construisent le foie, il apparaît un mutant qui accroît la fabrication du glycogène, toutes les cellules du foie seront atteintes. Grâce à ce système, une très petite mutation peut être extrêmement efficace. Nous avons appelé ce schéma de construction du vivant le système multiplicatif.

Le remplacement progressif

On sait que lorsque les poissons sont devenus batraciens, le poumon a remplacé la branchie. Le remplacement ne s'est pas fait brusquement, mais il a demandé peut-être des dizaines de millions d'années. Dans ce cas, on voit des sacs cellulaires primitifs issus de la vessie natatoire des poissons commencer à fonctionner pendant que les branchies, servant encore, régressent peu à peu. C'est le principe des remplacements progressifs.

On comprendra facilement que ce processus de construction anatomique donne du temps pour la constitution des organes les plus complexes.

Ainsi, tout porte à croire que le système des mutations redécouvert et complété dans les premières décennies du 20ᵉ siècle et celui de la sélection proposé par Darwin en 1859, expliquent parfaitement l'évolution des espèces et la longue histoire de la vie sur la terre. Pour saisir dans toute sa complexité ce phénomène, il n'est pas besoin d'avoir recours à quelque intervention extérieure d'un autre ordre ou force mystérieuse, comme l'ont cru longtemps certains biologistes ou philosophes. A première vue, la nature ne paraît plus poser de questions aux hommes de science tant qu'ils demeurent dans leur spécialité. L'évolution s'explique par les lois de la nature.

Précisons que la théorie ici exposée est si bien acceptée chez les biologistes spécialistes de l'évolution qu'elle est classiquement décrite dans les ouvrages scolaires de biologie des classes secondaires. Cependant comme toujours une grande théorie scientifique, même unanimement admise, a ses détracteurs.

En outre, dans le cadre de la théorie, les auteurs ne sont souvent pas d'accord sur de nombreux détails, mais leurs divergences restent toujours très limitées. On ne peut donc pas dire que les darwiniens ne sont pas d'accord entre eux comme le disent certains.

Certains auteurs ont dit aussi que dans le contexte d'une matière qui serait éternelle et où il y aurait un nombre infini de big-bang tout serait possible puisque Hérodote a dit : « *Que l'on prodigue le temps, tout le possible arrive* ». Nous traiterons de cette question dans la dernière partie.

Il faut noter aussi que l'on a souvent tiré de l'œuvre de Darwin des conséquences sociologiques moralement inacceptables telles que le darwinisme social qui était très répandu en Angleterre à la fin du XIXe siècle et qui possède toujours quelques partisans. Les perversions d'une théorie scientifique vraie découverte par certains auteurs ne peuvent pas faire penser pour autant qu'elle soit fausse.

Nous avons donc montré dans cette deuxième partie que le système des mutations sélectionnées expliquait parfaitement toute la nature sur le plan morphologique. Un autre problème se pose cependant : peut-on expliquer dans le cadre du même système évolutif, c'est-à-dire dans le cadre de la même physicochimie naturelle, le comportement parfois si étrange des êtres vivants. C'est cette question que nous allons examiner dans la partie suivante.

CHAPITRE III

COMPORTEMENTS DU MONDE ANIMAL JUSQU'À L'HOMME. INTELLIGENCE ANIMALE ET INTELLIGENCE HUMAINE

On sait que les hommes sont les plus complexes des vertébrés supérieurs. Ils sont fondamentalement caractérisés par un gros cerveau, une mémoire, une conscience de soi, des sentiments, et surtout un langage et l'intelligence. Aristote avait insisté sur ces deux dernières propriétés. Il nous semble que cela est plus complexe. Nous allons essayer de l'analyser.

Cependant, avant d'aborder ces problèmes, nous allons rappeler sommairement ce qu'est la lignée humaine.

Parmi les mammifères, qui comportent de très nombreux ordres, se détachent les primates, que l'on appelle vulgairement les singes, il y a environ 30 millions d'années. Chez ces derniers, il y a 7 à 8 millions d'années, se constituent au milieu des autres deux lignées voisines, l'une donnera les grands singes actuels : bonobo, chimpanzés, gorilles, orangs-outans, etc., l'autre les Australopithèques et les Hommes.

Il faut alors bien insister sur un fait.

Sur la lignée des Hommes il y a d'abord les Australopithèques encore singes, puis la série *Homo habilis, Homo erectus*. De ce dernier il est parti d'un coté *Homo neandertalensis* qui occupa l'Europe et l'Afrique du Nord. Il a un cerveau assez lourd, mais un télé encéphale (cerveau antérieur) peu développé. Les Néanderthaliens se sont éteints il y a environ seulement 40 000 ans. D'un autre coté, un autre descendant d'*Homo erectus* a formé *Homo sapiens* : ce dernier né, d'après la plupart des théories actuelles, est probablement le seul survivant aujourd'hui des *Homo* et occupe le monde entier. Cependant certains disent que la population asiatique des hommes représentée surtout par les chinois actuels et les mongoloïdes provient directement *d'Homo erectus*, c'est-à-dire du groupe que l'on appelait autrefois les sinanthropes.

Il y a d'importantes différences entre l'Australopithèque et *l'Homo sapiens*. Chez le premier, le cerveau ne fait guère plus de 400 cm^3, chez le dernier il fait entre 1000 et 1500 cm^3.

Cependant, les transformations qui marquent cette lignée sont si lentes et si progressives, tant au point de vue du squelette, que pour les industries préhistoriques qui l'accompagnent, qu'il n'est pas possible de définir l'homme intelligent à partir d'un point bien déterminé. Il est bien connu que l'on admet en général que le premier homme est celui qui fabrique les premiers outils de pierre. C'est pour cela que l'on fait commencer le genre *Homo* avec *Homo erectus*, car avec celui-ci commence la préhistoire. Ici, en effet les activités de cet homme, fabriquer des outils, sont repérables comme le sont les fossiles, mais le critère de l'outil ne représente qu'une intelligence si primitive que l'on ne peut pas considérer que ce personnage était un homme véritablement intelligent au sens plein du terme.

On peut aussi se poser des questions pour d'autres propriétés humaines : la conscience de soi, les sentiments, l'intelligence, la conscience morale ; nous allons les étudier. Nous reviendrons ensuite sur l'étude de l'homme « sensu stricto ».

MÉMOIRE – PENSÉE – CONSCIENCE DE SOI – SENTIMENTS.
COMPORTEMENTS EN APPARENCE INTELLIGENTS
DANS LE MONDE ANIMAL

Nous allons situer ici dans une vue très sommaire les comportements du monde animal, mais ce sont les singes qui retiendront le plus souvent notre attention à cause des études si nombreuses effectuées sur ces animaux.

Dans son ouvrage paru en octobre 2003 aux Éditions Flammarion, le philosophe primatologue Lestel écrit en effet, dans les premières pages de son introduction que « *peu de gens réalisent à quel point nos représentations de l'animal ont été bouleversées en 30 ans* ».

Dans une tradition religieuse surtout admise depuis Descartes, le monde animal était considéré comme entièrement mécanique et le monde humain seul était lié à une psyché qui lui donnait la pensée, la conscience de soi, l'intelligence, et assurait son libre arbitre. Les travaux réalisés depuis quelques décennies, démontrent assez clairement que l'on s'était trompé. Après Descartes, un certain nombre de philosophes naturalistes n'avait pas accepté ces idées, mais ce sont les neurologues qui ont le plus ostensiblement critiqué la thèse «*cartésienne*» et admis que les propriétés de ce que l'on appelle communément l'esprit étaient le produit du cerveau lui-même. Nous ne traiterons pas ici des arguments de ces auteurs, car ils ne sont pas de notre spécialité. Nous utiliserons, pour défendre les mêmes thèses, ceux des chercheurs travaillant sur le comportement animal, c'est-à-dire ceux des zoologistes-éthologistes. Nous montrerons que les propriétés considérées comme exclusivement humaines se voient, avec les mêmes caractéristiques, mais sous les formes les plus primitives, chez quelques animaux supérieurs : les singes, les dauphins, les éléphants, sans doute parce qu'ils ont un gros cerveau.

Des travaux considérables ayant mobilisé plusieurs douzaines de primatologues, leurs élèves et bien d'autres biologistes, ont établi ces faits. Ces recherches ont été réalisées dans des parcs zoologiques, notamment aux États-Unis, au Japon, et en Hollande, mais souvent dans la nature dans les pays des grands singes.

La mémoire

La mémoire existe, c'est connu, dans le monde animal. Chez les invertébrés, certaines espèces primitives du groupe des guêpes qui vivent de façon solitaire font leur nid dans la terre. On a montré qu'elles le retrouvent en reconnaissant les objets situés autour, des pommes de pin par exemple. Chez les chimpanzés, la mémoire est considérable. Deux sujets qui avaient vécu longtemps ensemble dans un zoo, furent séparés pendant cinq ans. Replacés dans le même zoo, après cette période, ils se reconnurent et manifestèrent une joie intense à se retrouver, notamment en s'embrassant avec effusion. Il est précisé pourtant que lorsqu'il y a dans un zoo un arrivage de nouveaux pensionnaires, les premiers habitants ne se livrent à aucune manifestation. Ces rappels sur la mémoire sont importants parce que la mémoire, comme l'intelligence, sont des phénomènes impalpables et les lecteurs de mes textes, je l'ai éprouvé, ressentent toujours des difficultés à croire que l'intelligence peut être produite par le cerveau. Or, on notera que la mémoire chez le chimpanzé aussi est une propriété impalpable et pourtant elle est bien produite par son cerveau ou alors il faudrait admettre que ce singe a une âme comme la nôtre.

La conscience de soi

Dans cette analyse extrêmement sommaire des origines animales des activités intellectuelles de l'homme nous citerons, après la mémoire, la conscience d'être, parce qu'elle est la base de tout. S'il n'y a pas une certaine conscience d'être, il ne peut exister une pensée, une intelligence.

On peut considérer qu'il y a conscience de soi lorsqu'un individu reconnaît son corps comme étant lui-même et sait se distinguer des autres sujets très voisins.

Dans l'opinion publique, on attribue cette propriété aux hommes. Il nous semble qu'elle se constitue peu à peu dans la série des vertébrés.

On sait que les mammifères et d'autres espèces comme les poulets dans un poulailler, vivent dans un système de harems complexes, marqués par une véritable hiérarchie sociale. Il y a un chef de harem, que l'on nomme le mâle dominant. En général, il a le droit de s'offrir toutes les femelles et interdit aux autres mâles du harem de le faire. Chez les singes, ces derniers se consolent de leurs besoins sexuels en pratiquant l'homosexualité. Qui plus est, dans le harem il y a, à partir du mâle dominant, une reconnaissance de supériorité qui va de 1 (les dominantes) à x, le dernier de la bande. Chaque individu a donc sa place entre deux autres : l'un qui est devant lui et l'autre qui est derrière.

Le respect se marque de façons diverses : on laisse aux premiers la première place dans la mangeoire, chez les vaches qui rentrent le soir dans l'étable, il y a un ordre de rentrée qui est toujours le même ; le chef de la tribu est toujours en tête et les autres suivent dans l'ordre.

On voit mal comment tout ceci pourrait se produire s'il n'y avait déjà chez ces animaux une reconnaissance de soi et une reconnaissance des autres.

Il faut noter que le système présente pour la tribu un avantage. Il équilibre la vie de la société, réduit les bagarres, et assure l'ordre.

Il y a plus, les « *bagarres* » entre les mâles pour avoir le pouvoir et devenir le mâle dominant témoignent bien ainsi d'une conscience de soi.

Les expériences réalisées avec un miroir sont plus caractéristiques encore.

Lorsqu'on présente à un poisson, l'épinoche, de sexe mâle une glace, il se voit, il ne se reconnaît pas, mais il prend des attitudes analogues à celles colériques et défensives qu'il a lorsqu'un poisson de sexe mâle de son espèce envahit son territoire. Il ne se reconnaît pas lui-même dans le miroir, mais il croit reconnaître l'autre comme un concurrent possible. Il ne paraît pas douteux que si l'on reconnaît l'autre, c'est que l'on a une ébauche de conscience de soi-même.

Le chimpanzé qui se voit pour la première fois dans une glace marque un temps d'étonnement et très vite se reconnaît. On peut prouver qu'il en est bien ainsi parce qu'il essaye de voir les parties de son corps qu'il n'a jamais pu voir, sa bouche, ses dents, son dos, par exemple. De plus on lui a joué un tour : on a placé sur son front pendant son sommeil une marque rouge. Au réveil, en se regardant dans la glace, il a manifesté de l'étonnement et a essayé d'enlever la marque. De telles expériences ne réussissent pas, ou réussissent moins bien chez le gorille ou chez l'orang-outang.

De ces quelques faits il nous paraît ressortir que la conscience de soi est apparue progressivement dans l'histoire du monde animal. Nous ne devons pas la confondre évidemment avec la conscience morale.

La pensée

Une certaine conscience de soi implique une pensée, même très vague et très floue. Il est très difficile cependant d'apporter des précisions sur ce sujet. Divers faits méritent pourtant d'être rapportés. Claude Debru, dans un de ses livres, a écrit un chapitre qu'il a intitulé : *À quoi rêvent les chats*. Il a montré que dans leurs rêves, certains chats avaient manifesté des mouvements et des actes signifiant qu'ils se battaient contre des fantômes et paraissaient simuler des combats. Ceci prouve qu'ils rêvaient. S'ils rêvaient, on ne peut pas douter qu'en dehors de leur sommeil, ils pensent.

Ce seul exemple est peut-être trop seul, mais tous les faits que nous rapporterons plus loin sur l'intelligence des chimpanzés confirmeront qu'il y a bien chez ces animaux une ébauche de pensée.

Nous ne sommes pas évidemment encore dans le cadre du célèbre « *je pense, donc je suis* ».

Cette ébauche de pensée n'est peut-être que le dix millionième de ce qui se passe chez l'homme.

Les sentiments

Dans le dictionnaire « *Grand dictionnaire Hachette encyclopédique illustré* » de 1993, on peut lire au mot sentiment :

> Tendance affective relativement durable liée à des émotions, des représentations, des sensations ; état qui en résulte.

Il y a évidemment d'autres définitions, mais celle là nous convient ici en donnant toutefois une précision capitale : en fait, les sentiments sont des propriétés plus ou moins temporaires de la conscience humaine.

Le sentiment de faim ou de soif est un exemple simple de ces phénomènes.

On peut admettre, il nous semble, que les sentiments naissent dans le cerveau, puisque nous considérons qu'ils correspondent à une propriété de l'intelligence. Cependant, ils mettent en action divers sens, sans doute sous l'influence de substances chimiques diverses qui doivent être souvent hormonales.

On peut donc les modifier avec des produits chimiques. Il est peut-être possible que dans l'espèce humaine, le sentiment d'amour correspond à deux types de phénomènes qui peuvent être parfaitement indépendants l'un de l'autre : pour l'homme, par exemple, le désir d'effectuer un acte sexuel, avec telle femme, ou le désir d'un amour durable marqué notamment par la naissance d'un enfant.

On peut retrouver dans le monde animal ces deux types de sentiment amoureux et même ici les dissocier expérimentalement.

Chez le campagnol de prairie, qui est normalement fidèle dans ses amours, avant l'accouplement, on bloque la sécrétion de l'hormone dite ocytocine chez la femelle, l'accouplement existe quand même, mais l'attachement au partenaire sexuel n'existe plus. Antonio Damasio écrit « *Du sexe oui, de la fidélité non* ». On obtient un effet comparable en bloquant la vasopressine chez le mâle avant l'accouplement. Ici encore, le campagnol de prairie qui est en général fidèle à sa femelle ne s'y intéresse plus et ne s'intéresse plus à sa progéniture (Damasio, *Spinoza avait raison*, p. 99-100, 2003).

Les comportements en apparence intelligents chez les vertébrés et les insectes

Plusieurs comportements du monde animal ont beaucoup intrigué les hommes, et ceci bien avant le début de l'ère scientifique au XVIIIᵉ siècle. On avait repéré depuis longtemps, en effet, ces phénomènes que l'on avait nommés les instincts et que l'on savait liés, chacun, à une espèce déterminée. On a compris les mécanismes et leur histoire depuis un siècle seulement.

On admet aujourd'hui que dans ces phénomènes il n'y a probablement pas d'intelligence, mot que nous définirons plus loin, mais seulement des scénarios qui se sont construits peu à peu dans les phylogenèses à la suite de mutations qui entraînent l'animal à effectuer des actes déterminés, à la période des amours, par exemple, ou bien au cours de sa vie pour chercher de la nourriture, etc.

On admet que ces scénarios, parfois complexes sont seulement construits par des gènes qui entrent en fonction chacun à leur tour au cours de la saynète que jouent à certains moments, des sujets d'une espèce déterminée. Dans chaque espèce les étapes du scénario correspondant à l'instinct sont toujours à peu près les mêmes et doivent absolument se produire dans un ordre déterminé pour que se réalise le but final de la saynète, l'accouplement par exemple. On a pu suivre cela détail par détail. Ainsi chez une salamandre, le biologiste français Joly a étudié l'accouplement et y a reconnu une série de gestes, toujours à peu près les mêmes, qui se produisent à chaque génération dans un ordre déterminé lors des ébats entre le mâle et la femelle.

Nous connaissons des phénomènes infiniment plus complexes. Le plus connu est ce qui se passe chez les termites les plus évolués.

Les termites constituent un ensemble d'espèces qui se nourrissent avec du bois, habitant souvent les charpentes et pouvant provoquer leur effondrement. Dans les régions équatoriales les termites qui ne peuvent pas supporter la lumière construisent des termitières géantes atteignant parfois 7 mètres de haut et 30 mètres de diamètre. Ils vivent par milliers complètement à l'intérieur de ces constructions.

L'ensemble des animaux composant la termitière présente une structure sociale tout à fait extraordinaire. On trouve, à peu près au centre, une chambre royale où vivent les deux seuls animaux sexués de toute la termitière, le roi et la reine. Dans cette chambre, la reine pond en permanence parfois plusieurs dizaines d'œufs par minute. Le roi la féconde de temps en temps.

Les sujets autres que le roi ou la reine ont pour fonction d'assurer la nourriture du couple royal, de ramasser les œufs pondus et de les transporter dans des chambres constituées à cet effet et reliées par des couloirs dans l'immense termitière. Ces sujets sont divisés en deux castes, les soldats qui défendent la colonie contre ses ennemis, essentiellement les fourmis, et les ouvriers qui cherchent les aliments, élèvent des champignons destinés à la nourriture et s'occupent du développement des œufs et des larves. C'est donc une structure coloniale tout à fait particulière. On dit, à cause de cela, que les termites sont des insectes sociaux. Il existe quelques autres espèces d'insectes de ce genre, les abeilles et les fourmis.

Si la termitière est détruite en partie par le passage d'un gros mammifère par exemple, les ouvriers la reconstruisent aussitôt et en premier ferment les ouvertures, car la lumière gêne ses habitants et surtout le roi et la reine.

P.P. Grassé a étudié cette construction en laboratoire avec des termites rapportés d'Afrique. Il a observé un phénomène tout à fait étonnant.

Il place ces termites sur une table du laboratoire dans un récipient assez vaste, à l'air libre et à la lumière, avec de la nourriture et une terre permettant la construction d'une termitière. Il y a quelques dizaines d'ouvriers et de soldats, un roi et une reine. Il a observé ceci : le roi et la reine affolés par la lumière bougent peu. On voit les ouvriers effectuer un geste qui apparaît comme une sorte de mouvement automatique dû peut-être à la lumière. Ils fabriquent des boulettes de terre qu'ils collent avec de la salive et souvent les abandonnent. Parfois ils font un début de mur qui fait de l'ombre. S'il se construit une ébauche de mur entre le couple royal et le soleil, il apparaît en même temps un peu d'ombre. Au fur et à mesure que l'ombre et le mur s'accroissent les termites ouvriers, jusqu'alors dispersés, ont tendance à coller leurs boulettes contre le mur pour le faire grandir. On ne peut certainement pas dire qu'ils ont compris ce qu'ils faisaient, c'est un geste automatique correspondant à des stimuli et donc dû à une mutation apparue sans doute il y a très longtemps qui assure ainsi la construction du mur. Un autre stimulus, celui de la présence du roi et de la reine qui restent en place, agit sur la position du mur de telle sorte que peu à peu le roi et la reine sont enfermés dans une loge qui les protège du soleil. Il n'y a pas un chef de construction. Ce sont les réponses aux stimuli internes qui sont telles que le mur se réalise peu à peu. On dit que l'ordre, c'est-à-dire la construction du mur, sort du désordre qui correspond à un ensemble d'ouvriers termites ayant des « tics » qui apparaissent en certaines circonstances : faire des boulettes, ajouter celles-ci sur une ébauche de mur apparue par accumulation en un point où il donnera de l'ombre au roi et à la reine. C'est le mur ébauché par les termites qui stimule les animaux à continuer la construction. Cette stimulation par l'œuvre déjà accomplie a été dénommée par Grassé « stigmergie ».

Il parait évident qu'il n'y a aucune trace d'intelligence au sens défini plus loin dans tous ces comportements animaliers qualifiés d'instincts.

Cependant le biologiste américain Griffin a pensé qu'il y avait déjà chez l'animal parfois au moins des actes intelligents. Dans la démarche scientifique on ne peut pas prendre parti aujourd'hui sur cette question.

Par contre nous allons voir que chez des êtres supérieurs appartenant au monde animal une intelligence encore simple est déjà là. La vieille position qui consistait à considérer que l'homme seul était intelligent doit être abandonnée. Ceci va être l'objet des pages qui suivent.

LES COMPORTEMENTS INTELLIGENTS CHEZ LES ESPÈCES ANIMALES SUPÉRIEURES

Le problème de l'intelligence dans le monde animal est plus complexe que les précédents et nécessite d'abord une analyse sommaire de cette notion.

Qu'est-ce que l'intelligence ? Essai de définition

Au milieu de bien d'autres nous avons depuis longtemps préféré celle de Bonald, citée dans le dictionnaire de philosophie de Foulquié. Nous la reprenons avec quelques suppléments.

> L'intelligence est la capacité de l'esprit humain d'appré-
> hender et de reconnaître les relations justes et nécessaires
> entre les choses et les évènements.

Les autres définitions que nous avons pu lire se
ramènent en fait à celle-ci.

On a reconnu aussi depuis longtemps qu'il y avait une
intelligence pratique et une intelligence conceptuelle. Il est
courant d'écrire que l'existence du langage est nécessaire
pour qu'apparaisse l'intelligence conceptuelle (Viaud
1956, et conversation avec Roger Payot). Il semble que l'on
doive nuancer cela aujourd'hui.

Il est certain que dans l'histoire de la pensée tant au
cours de la phylogenèse que pour le développement de la
pensée chez l'enfant, le langage est très utile pour le développement des concepts, mais il n'est pas indispensable.
Les sourds muets construisent des concepts, peut-être avec
difficulté, mais ils y parviennent. Chez l'animal, bien qu'il
ne parle pas, on doit pouvoir espérer trouver des concepts
simples. Nous le montrerons plus loin.

Un point capital a été bien vu chez les auteurs qui ont
travaillé sur le comportement du monde animal. Il existe,
nous l'avons vu plus haut, chez les animaux des actes
que l'on nomme instinctifs, les jeux de l'amour suivis de
l'accouplement, par exemple. Ils se distinguent des actes
intelligents parce qu'ils ressemblent à de véritables scénarios qui se reproduisent à peu près semblables dans une
même population d'une même espèce. Il ne faut donc pas
les confondre avec des actes intelligents, ils font partie de
l'hérédité de l'espèce. Ils se sont inscrits au cours des âges

dans le génome par le jeu classique des mutations sélectionnées exactement comme la constitution des organes les
plus complexes. Nous avons d'ailleurs, mais en bien moins
grand nombre que pour les structures de l'anatomie com-
parée car les comportements ne laissent pas de fossiles,
des types intermédiaires qui permettent parfois d'en
reconstruire l'histoire.

C'est ici qu'il ne faut pas confondre ces comportements
qui paraissent intelligents avec l'intelligence vraie. Celle-ci
construit des actes toujours nouveaux pour chaque situation
nouvelle et ne se répète rarement que deux fois semblables,
si ce n'est lorsqu'elle cherche à le faire. Elle exprime à
chaque situation des inventions et de nouvelles formules.

Cependant malgré toutes ces nuances la définition de
l'intelligence que nous venons de donner ne correspond
qu'à des intelligences simples.

Dès que celle-ci atteint un degré plus élevé, elle s'intéresse aux plus grands problèmes qui touchent l'humanité et
elle aborde les questions fondamentales que soulève
l'existence des hommes.

Ici il faut bien insister sur le fait qu'il n'a pas fallu
attendre l'époque moderne et savoir tout ce qu'elle nous a
fait découvrir pour que les hommes soulèvent les vraies
questions. Aristote cinq siècles avant Jésus-Christ a discuté
des plus vastes problèmes humains et a écrit une Logique
que l'on considère aujourd'hui comme une logique presque
parfaite.

Les faits observés chez les primates

Dans les textes qui suivent nous allons d'abord décrire les travaux de Köhler qui mettent en évidence l'existence d'une intelligence pratique chez le singe, puis des observations plus récentes de primates qui permettent de reconnaître une intelligence conceptuelle.

Les travaux de Köhler

Pour la première fois, il y a longtemps déjà, des actes intelligents ont été reconnus, avec des observations très scientifiques chez le chimpanzé, par le biologiste Köhler dans son laboratoire de Ténériffe aux Canaries, à cette époque colonie allemande. Cet auteur met de tels animaux dans de vastes cages. Au plafond, il place assez haut un régime de bananes. Dans une région de la cage, il met une caisse vide. Les chimpanzés sautent pour essayer d'attraper les fruits mais n'y parviennent pas. Il est bien connu que le chimpanzé Sultan à un moment donné aperçoit la caisse, la transporte sous les bananes et, en montant sur elle, les décroche. Le nom de Sultan depuis cette époque est connu par tous ceux qui ont étudié ces questions. Il est le premier singe à avoir effectué devant un expérimentateur un tel acte intelligent. Les animaux de Köhler arrivèrent à placer jusqu'à 4 caisses les unes sur les autres. Qui plus est au cours d'expériences successives ils améliorèrent la position des caisses dans leur empilement. Ils réussirent aussi à rassembler des bâtons pour attraper des fruits. Bien d'autres faits caractéristiques ont été vus dans des décennies récentes.

Les travaux de Köhler, qui furent les premiers à présenter à la fois un caractère scientifique et un ensemble important de données sur notre sujet, aboutissent à bien démontrer que le chimpanzé possède une réelle intelligence pratique.

Dans les décennies qui suivirent on admit souvent que le singe se distinguait de l'homme par le fait qu'il possédait une intelligence pratique, non une intelligence conceptuelle.

Des recherches plus récentes montrent que cette dernière existe aussi chez le singe au moins à l'état encore simple et primitif.

Il y avait déjà dans les observations de Köhler un début d'intelligence conceptuelle. Lorsque les singes apprennent d'eux-mêmes à entasser plusieurs caisses pour arriver jusqu'aux bananes ils manifestent bien qu'il ont parfaitement compris leur utilisation possible pour s'élever dans la cage. Nous allons voir des situations plus complexes. Par contre, il faut noter que tous les singes de Köhler n'ont pas été capables de réaliser certaines expériences. En outre on a pu voir, dans le cas des caisses, par exemple, qu'ils découvraient leur utilisation plus vite si celles-ci étaient près des bananes à cueillir, c'était alors typiquement l'intelligence pratique qui entrait en jeu.

Observations récentes

On a dit plus haut que presque toutes les espèces de mammifères, dont les singes, vivent en petite colonie de type harem dirigée par un mâle dominant, évidemment en général physiquement très fort. Cette dominance n'est pas facile à garder, celui qui la détient est en permanence menacé d'être remplacé par un plus fort que lui. On a vu à Arnhem deux singes faire une alliance pour dominer ensemble leur harem. Il y en avait un troisième qui cherchait toujours à les remplacer. Lorsque les deux dominants se disputaient ou se battaient entre eux, le troisième visiblement paradait au milieu des femelles et montrait sa force. Les deux autres, paraissant comprendre le danger, se réconciliaient. Le jeu de ces mâles était presque amusant à suivre, leur alliance témoignait en particulier d'une compréhension de la situation qui ne pouvait être que de l'intelligence conceptuelle.

Une histoire où se manifeste l'appel au poids moral de l'âge ou aussi probablement de la situation hiérarchique dans le harem est curieuse. Deux mères guenons sont assises dans un pré à Arnhem. A coté d'elles dort une guenon âgée et, également à coté, jouent deux jeunes singes qui sont les enfants des deux guenons. A un moment, ces deux jeunes singes commencent à se battre. Les deux mères essayent d'interrompre la bagarre, mais n'y parviennent pas. Elles réveillent alors la vieille guenon qui à son tour intervient pour calmer les deux jeunes. Elle réussit sans doute par le fait qu'elle était d'un rang élevé dans le harem. C'est une véritable histoire humaine. On y trouve à la fois de la pensée, de la conscience d'être, de l'intelligence déjà conceptuelle.

Les chasses organisées par les chimpanzés ont été bien observées mais l'interprétation des partages de proies qui les suivent mérite réflexion (J.-J. Petter, p. 142-145). La chasse est chez les chimpanzés un véritable sport. Ce sont les mâles qui la pratiquent. On assiste à de véritables stratégies. Les singes s'organisent et se suivent l'un derrière l'autre sans rapport avec le rang social. Il faut noter que leur coordination ne se fait pas par des cris mais par des mouvements des yeux. La partie de chasse est silencieuse alors que les chimpanzés ordinairement crient beaucoup. Ensuite l'individu qui a pris la proie la garde en général quelques minutes mais il est très vite entouré d'une bande d'autres chimpanzés. Ils sont attirés par les cris de joie que pousse l'animal après sa prise car à ce moment là le silence est rompu. Les arrivants partagent cette proie. Le partage n'est pas organisé, chacun prend sa part comme il peut, parfois le propriétaire de la proie en arrache un morceau et le donne, parfois il se le fait enlever, même s'il l'a déjà dans sa bouche. Parfois aussi il refuse d'en donner à un demandeur. Ce dernier s'en va sans agressivité. Les chimpanzés mangent tout, y compris le cerveau que, curieuse observation, ils mélangent avec des feuilles. Dans ces partages il semble qu'aucun avantage ne corresponde au rang social du harem. Dans certains ouvrages ou conversations on a considéré ce partage comme manifestation de la bonté ou de la moralité des singes. Or, ce que nous venons d'écrire ne correspond plutôt ni à une foire à l'empoigne ni à un partage organisé, mais à une foire tout court où chacun prend sa part comme il veut.

Ce qui est important dans ces faits c'est l'organisation structurée et intelligente de la chasse.

Un autre fait simple marque encore cette intelligence. Il est décrit par De Waal. Un singe mâle d'un rang élevé avait un ennemi et voulait lui ravir sa place dominante. Dans ces cas les singes se jettent parfois des pierres entre eux. On vit ce singe choisir les pierres qu'il voulait jeter, il les triait, les soupesait exactement comme le ferait un homme dans ces circonstances. Ses calculs étaient évidents.

Les auteurs qui se sont intéressé à l'intelligence animale ont admis en général que l'on pouvait reconnaître ce phénomène avec les types suivants de faits :

La capacité de tromperie.
La capacité de bâtir des concepts.
La possibilité de construire un système de communication correspondant à une langue.
La possibilité de construire une culture.
La reconnaissance de la mort.

Voyons ces divers faits.

La tromperie

D'après Lestel la tromperie chez les primates pendant longtemps n'a pas été l'objet de publications propres en soi mais seulement de discussions dans les couloirs de colloques. Il s'est révélé que chacun l'avait observée mais n'avait pas osé la décrire parce que les faits qu'il connaissait n'étaient pas assez caractéristiques et précis. Deux psychologues écossais ont eu l'idée d'envoyer un questionnaire sur ce sujet à 115 primatologues. Ils reçurent 75 réponses positives. Ici alors on peut admettre que si on a beaucoup de réponses positives, ce qui est le cas, cela permet d'éliminer les hésitations relatives à chaque cas particulier.

Or, beaucoup de faits obtenus étaient assez nets pour que l'ensemble soit intéressant. On est même arrivé à faire une classification des types de tromperies, un auteur en a trouvé 5 caractéristiques, un autre davantage (Lestel, p. 131-133).

A coté de ce fait de portée générale, quelques cas précis méritent attention. De Waal a raconté l'histoire de deux singes qui s'étaient battus si fort que l'un d'eux avait été blessé. A partir de ce moment, il se mit à boiter. Or, on constata de façon nette qu'il boitait seulement lorsqu'il passait devant celui qui l'avait battu. Lorsqu'il n'était pas visible par cet adversaire, il ne boitait plus. De Waal interprète ceci en écrivant que le blessé joue la comédie.

Chez le babouin hamadryas le harem est sévère. On y a vu le fait suivant : un babouin veut à l'insu de la troupe copuler avec une femelle. Ils se cachent tous les deux derrière un arbre. Dans les conditions normales au moment de l'éjaculation la femelle lâche un cri de plaisir. Mais lorsqu'elle est derrière l'arbre avec son partenaire secret elle met sa main devant sa bouche pour éviter de crier. Ici encore il y a un acte de tromperie qui correspond nettement à un acte d'intelligence conceptuelle.

Le langage et le concept

Depuis la deuxième moitié du XXe siècle on a essayé par divers procédés d'apprendre aux chimpanzés et aux bonobo un minimum de langage. Les premiers travaux sur ce sujet ont été réalisés avec le système du langage des sourds-muets. Cet apprentissage a aussi été effectué avec des objets qui représentaient des mots, c'est-à-dire avec des objets symboles. Les singes ont parfaitement compris ces systèmes symboliques, simples mais caractéristiques. Certains d'entre eux ont appris assez bien quelques centaines de mots et exceptionnellement de petites phrases. Dans quelques cas l'emploi des mots a évoqué une possible ébauche de conceptualisation. Ainsi, un singe a utilisé le mot « sale » d'abord pour désigner de l'urine ou des excréments, puis pour désigner un objet souillé ou même un comportement incorrect (Lestel, *Paroles de singes*, p. 29-30).

Nous avons beaucoup d'hésitations à utiliser les faits décrits comme arguments en faveur de l'idée que les chimpanzés peuvent bâtir des ébauches de concepts. Tous les travaux sur le langage du singe supérieur ont été l'objet de très fortes discussions et critiques. Ces discussions ont atteint même parfois le stade de la dispute. On en trouvera l'histoire dans l'ouvrage de Lestel *Paroles de singes*. On doit certainement reconnaître que les singes supérieurs dans ces expériences ont manifesté une ébauche de communication avec l'homme ou entre eux. Il faut toutefois noter que les travaux considérables réalisés dans ce domaine ont été très intéressants. Ils ont montré par exemple les mots dont on pouvait faire comprendre le sens aux singes et leurs capacités à reconnaître des symboles. Il est certain que les auteurs, qui les premiers ont travaillé sur ces questions, avaient espéré avoir des résultats beaucoup plus caractéristiques.

Personnellement nous avons tendance à penser qu'il existe chez le singe supérieur des ébauches de concepts exprimés par une langue primitive de grognements et de mouvements des yeux, mais ceux-ci se reconnaissent plutôt dans les saynètes de leur vie décrites ici.

Ainsi, rappelons que l'on a vu des singes choisir des pierres d'une certaine taille et d'un certain volume pour les jeter sur leurs ennemis. Ils avaient bien le sens de la pierre idéale pour l'opération qu'ils projetaient. En somme, il faut bien s'entendre sur notre position, nous ne parlons que d'ébauches de concepts.

Une dernière observation est encore plus caractéristique. Elle est citée par De Waal :

> Dans un bâtiment où il est étudié, un chimpanzé voit entrer dans la pièce où il se trouve un oiseau. Celui-ci affolé se colle sur une fenêtre sans trouver la sortie. Le singe s'approche, le prend dans la main et sort de la pièce. Dehors il se dirige vers un arbre élevé sur lequel il a souvent grimpé. Tenant toujours l'oiseau il monte de branche en branche jusqu'au sommet. Là il déploie les ailes de l'oiseau et le jette en l'air.

Il parait difficile de nier que le chimpanzé n'ait pas saisi, au moins à l'état d'ébauche, le principe du concept d'oiseau, et le concept de « capacité de voler » qui lui est lié. Évidemment cette ébauche de concept est très primitive, mais multiplions la par cent, par mille, voire par un million et nous avons, par petites étapes, l'intelligence humaine. De la même façon dans la nature il y a une étrange continuité anatomique entre le cerveau du chimpanzé et celui de l'homme.

L'intentionnalité

Les primatologues ne doutent pas non plus que la capacité de manifester des intentions peut s'observer aussi chez les primates supérieurs. On voit des singes jeter des coups d'œil pour demander l'assistance d'un autre singe. On a pu voir un jeune singe apeuré par un autre demander de cette façon l'aide d'un troisième (Lestel, *Paroles...*, p. 128-129). Dans les divers faits que nous avons cités plus haut l'intention et la préméditation sont évidentes : chez le singe qui choisit des pierres par exemple. Il est évident que dans le regard et les mimiques de certains singes il y a véritablement l'équivalent de certaines petites phrases.

La culture

Pour les spécialistes du comportement animal on appelle faits culturels des habitudes et des mœurs qui sont apprises par l'animal lui-même et qui ne lui ont pas été données par un observateur. Ces phénomènes ne sont donc pas génétiques. Ils se transmettent dans la tribu par apprentissage. Or, les faits de ce genre sont très nombreux chez les simiens. L'histoire des patates douces est bien connue. Les japonais déposaient des patates douces sur une plage dans la réserve de singes de Koshima où ils étudiaient les mœurs de leurs pensionnaires. Un jour une jeune femelle les lava dans l'eau, ce qui enlevait les grains de sable collés à la patate. Quelque temps après la première opération plusieurs individus en firent autant, 5 ans après tous les jeunes de la colonie le faisaient, ensuite les adultes le firent à leur tour, puis en dernier le mâle dominant qui paraissait être en quelque sorte ici le gardien de la tradition. Par la suite les singes apprirent à se baigner dans l'eau et parurent trouver cela très agréable (Peter, p. 142-143). Il est bien connu aussi par exemple que certains groupes de chimpanzés ramassent les termites en introduisant des morceaux de bois dans les termitières. Les termites se posent sur le bois, le singe enlève le bâton et le suce. On connaît bien ce phénomène dans deux populations africaines éloignées de 5 000 kilomètres. Leurs façons d'opérer sont très différentes, chacune a sa « culture ». On pourrait citer aussi le cas des épouillages qui se pratiquent différemment suivant les colonies (Lestel, *Culture*, p. 110-111 et 113).

Le sens de la mort

Dans les premières décennies de notre enseignement nous disions à nos étudiants que dans le monde animal le sens de la mort n'existait pas. On avait bien raconté au début du XXᵉ siècle une histoire de cimetière d'éléphants, mais ceci s'était avéré correspondre à une erreur d'interprétation des faits observés.

Dans le dernier quart du XXᵉ siècle, nous avons dû modifier notre position.

Plusieurs faits ont été bien observés dans des troupes d'éléphants.

Un éléphant meurt subitement dans un groupe en marche, ce qui provoque des troubles dans toute la bande. Tous s'arrêtent, les animaux entourent leur malheureux compagnon, essaient de le soulever avec leurs défenses, mais n'y réussissent pas. Après un certain temps ils jettent de la terre sur son cadavre et ne reprendront leur marche qu'un peu plus tard.

Une autre histoire d'éléphants a été vue dans la forêt nationale d'Amboselie. Ici un braconnier a tiré sur une jeune femelle et celle-ci avait alors du mal à se tenir sur ses pattes. La troupe se met hors danger et soutient la jeune femelle, mais celle-ci meurt peu après. Deux femelles deviennent comme folles, essayent de la relever mais n'y parviennent pas. Ici encore les éléphants jettent de la terre sur les cadavres et les recouvrent en partie. Le lendemain avant de partir la mère de la jeune femelle la touche avec ses pieds arrière plusieurs fois de suite.

A Arhnem, il est arrivé l'histoire qui suit : on retrouve trois singes mâles Nikky, Yeroen et Luit. Les deux premiers sont des amis de longue date, mais Luit, le troisième arrivant avait eu avec eux des rapports mitigés. Une nuit ils se bagarrent avec violence. Lorsque les gardiens reviennent le matin, ils les découvrent réconciliés mais la cage est pleine de sang. Luit a visiblement été battu avec énergie. On retrouve ses testicules dans la cage. Le vétérinaire du zoo recoudra l'animal blessé et lui fera 200 points de suture. Cependant, dans la soirée qui suivit, il mourut dans sa cage pendant que tous les sujets du groupe habitaient chacun dans leur quartier de nuit. Au matin, les singes virent le cadavre et demeurèrent en silence pendant un certain temps jusqu'à ce que les gardiens l'eussent enlevé. A ce moment le mâle Nikki fut attaqué par une femelle de haut rang qui, de la place qu'elle occupait, avait dû assister à la bataille de nuit.

DISCUSSIONS ET CONCLUSIONS

Neufs points doivent alors être précisés.

Dans ce texte nous n'avons cité comme animal présentant des traits intelligents que les singes supérieurs, le dauphin et l'éléphant. Il est probable que des ébauches d'intelligence apparaissent beaucoup plus tôt dans le règne animal, dans quelques cas particuliers et en outre peut-être pour compléter certains actes instinctifs. On sait aussi que le perroquet pouvait nommer jusqu'à 50 objets. Cependant on peut se demander ici quelle est la réalité de cet apprentissage.

L'ouvrage célèbre de Griffin, déjà cité *La pensée animale* suggère qu'il y a de l'intelligence chez des formes primitives. Ce chercheur parait, à notre avis, avoir été trop loin, il attribue de l'intelligence même aux vers de terre. Par contre il a très probablement raison lorsqu'il reconnaît quelques traits très intelligents chez les vertébrés supérieurs même phylogénétiquement éloignés des singes.

Pour les questions que nous venons d'étudier il est important de rappeler que les singes, objet de notre étude, ne sont pas les ancêtres directs de l'homme primitif, c'est-à-dire des êtres qui ont précédé les premiers hommes. Ils se trouvent sur une lignée évolutive différente des *Homo*. Il est donc logique de penser que le cerveau du singe a évolué depuis la séparation des deux lignées dans des directions différentes. En règle générale des mutations ne construisent pas sur deux chemins différents deux fois les mêmes organes ou structures. On peut donc dire que pour des raisons de statistique évolutive les grands singes ne donneront jamais des hommes car l'évolution ne refait pas deux fois exactement les mêmes espèces. Il semble cependant que des ébauches d'intelligence apparaissent lorsque le cerveau atteint une certaine taille et une certaine organisation, d'où les observations réalisées chez les dauphins et les éléphants.

Mais si dans x millions d'années il se réalisait un singe nettement intelligent, il aurait sans doute une intelligence très différente de la nôtre.

Il ne faut donc pas s'imaginer l'intelligence apparaissant chez un vivant en une seule fois. Il parait au contraire évident que l'intelligence est apparue peu à peu lors du passage du monde animal au monde humain en suivant plus ou moins la série des volumes et de la complexité du cerveau que l'on connaît chez le chimpanzé, chez les homo primitifs puis les homo sapiens. Évidemment nous n'ignorons pas l'importante part d'éducation qui existe dans la construction de cette étonnante propriété, mais de toute façon cette construction a été progressive et ne s'est pas faite d'un seul coup. Il en a été évidemment de même pour le concept et pour les caractères qui constituent les marques de cette intelligence.

Le problème de la nature étrange de cette production cérébrale soulève des quantités de questions. La mémoire, la pensée, la conscience et l'intelligence sont des éléments impalpables. On ne voit pas comment un être vivant peut penser. La science jusqu'ici est dépassée par cette propriété hors de l'ordinaire, voire mystérieuse. On peut parfois se demander si les scientifiques pourront espérer un jour étudier ces propriétés avec leurs microscopes. Il ne serait pas illogique de se demander si ces structures ne sont pas d'une toute autre nature que celle jusqu'à maintenant connue par la science actuelle.

Tout ceci est évidemment du domaine de l'hypothèse et dans ce type d'hypothèse il ne faut pas oublier les étonnantes capacités que possèdent les sciences pour résoudre les problèmes les plus complexes. Lorsque l'on se permet de discourir sur ces problèmes, il faut aussi se rappeler qu'Auguste Comte, dans un élan intellectuel, avait écrit que l'on ne pourrait jamais connaître la chimie des étoiles. Evitons de commettre une erreur de ce type.

On doit préciser aussi que les auteurs ayant étudié les comportements des singes supérieurs ont aussi insisté parfois sur ce qu'ils ont cru correspondre à un sens moral. Ils ont ignoré la vraie définition de la morale; certains biologistes ou philosophes ont critiqué énergiquement ce mélange de genres. Nous ne traiterons pas ici de cette question.

Les saynètes de la vie quotidienne des hommes ne correspondent pas à des instincts, c'est-à-dire à des scénarios d'origine génétique et correspondent au contraire à un jeu de concepts intimement mêlés l'un à l'autre. Lorsque en se promenant chez des marchands de meubles, un homme réalise le concept de chaise, de fauteuil, puis de meuble

Louis XV et décide, car il a en mémoire celui de salon, d'acheter un salon Louis XV, il relie et mélange plusieurs concepts entre eux. Nous prenons cet exemple parce qu'il a été choisi par Changeux pour expliquer cette notion. Les faits décrits par de Waal que nous avons rapportés ici ressemblent à ce type d'observations. On ne peut pas nier que l'intelligence conceptuelle existe, mais seulement à l'état d'ébauche chez les êtres qui ont vécu ces saynètes.

En somme notre conclusion consiste à dire que contrairement aux idées classiques de ces derniers siècles souvent admises dans certains milieux religieux, la mémoire, la conscience de soi, la pensée, et l'intelligence sont issues du cerveau lui-même puisqu'on les a déjà observés dans le monde animal évolué et elles ont commencé à se constituer dans ce monde dont nous sommes issus. On l'avait admis depuis longtemps pour la mémoire, on l'admet plus difficilement pour les autres propriétés et notamment pour l'intelligence. Tout ceci nous montre que sur les questions posées ici il faut que certains milieux religieux qui en étaient restés à Descartes ou à des idées plus ou moins proches, changent aujourd'hui de paradigme.

Il faut donner maintenant quelques précisions terminologiques et épistémologiques

Beaucoup d'hommes religieux aiment les mystères de la nature parce qu'ils savent en général inconsciemment que ces types de mystère favorisent une certaine religiosité humaine. Ils ont trouvé des mots qui modifient les conclusions que ces faits ont inspiré aux scientifiques. Il s'agit donc de bien préciser notre position quitte parfois à nous répéter.

a) Les faits suggèrent bien que c'est le cerveau qui produit la pensée et l'intelligence animale et que l'intelligence humaine est le prolongement direct de celle de l'animal, mais devenue peu à peu infiniment plus complexe.

Nous maintenons donc que c'est le cerveau qui « fabrique » l'intelligence et celle-ci commence sans doute à exister lorsqu'il y a un nombre suffisant de cellules nerveuses et une certaine complexité cérébrale.

b) La nature de cette intelligence est évidemment très étonnante, c'est un phénomène impalpable, non mesurable et qui nous pose aujourd'hui mille problèmes, du moins pour le moment. On notera que sa structure particulière ressemble absolument à celle de la mémoire, également impalpable et immesurable. Or, cette mémoire existe chez l'animal, nous l'avons déjà écrit, et on admet qu'elle est de la même nature que celle de l'homme. On accepte cette idée pour la mémoire on l'accepte mal pour l'intelligence. Il est tellement inscrit dans la culture que l'intelligence est le propre de l'homme que l'on refuse le lien entre l'intelligence animale et l'intelligence humaine. Pourquoi l'accepter d'un coté et pas de l'autre ?

c) On dit que l'intelligence est d'une nature différente de tout ce que connaît la science et que l'on arrivera jamais à résoudre les problèmes qu'elle pose.

Ici, lorsque l'on dit que l'intelligence est d'une nature différente du reste du cosmos, il faut se rappeler qu'il y a un siècle et parfois moins certains disaient que la Vie était aussi d'une nature différente. Or, aujourd'hui on a fabriqué un virus ARN c'est-à-dire justement un être que l'on considère maintenant comme très proche de la lignée qui aurait été jadis un élément intermédiaire entre une « soupe » primitive d'ARN et les premiers vivants capables, eux, de se reproduire.

L'histoire montre que, depuis Galilée, on a toujours hésité à changer de paradigme.

On a souvent pensé aussi que l'intelligence et la matière n'étant pas de même nature, l'intelligence ne pouvait pas provenir de la matière. Cette notion de nature est complexe pour un scientifique. Ainsi, dans les siècles passés on avait cru qu'il y avait 4 éléments, la terre et le feu, l'air et l'eau. Qui aurait pu penser à cette époque que l'on fabriquerait de l'air liquide !

Cette réflexion sur la nature ne nous parait pas un bon argument.

Nous ne récusons donc pas l'idée que dans certaines régions complexes d'amas de cellules cérébrales, chez les êtres vivants supérieurs, il se dégage une structure d'une nature totalement inconnue, immatérielle par rapport à la matière que nous connaissons aujourd'hui qui serait l'intelligence, la pensée, la conscience de soi. Ici se rassemblerait par l'intermédiaire des cellules nerveuses l'ensemble de nos idées et se formeraient les concepts.

Évidemment, ces considérations n'empêchent pas de penser que l'intelligence est un élément très particulier doué de capacités étonnantes peut-être non étudiable par les méthodes scientifiques actuellement connues. C'est une structure nouvelle née de la matière vivante après quatre milliards d'histoire et de complexité.

d) Les points (d) et (e) correspondent à des idées qu'il nous a paru encore utile de préciser bien qu'elles soient à la limite d'une théologie qui n'est pas de notre domaine. Précisons aussi que nous adhérons parfaitement à l'idée que tout homme possède un Esprit qui correspond en fait, semble-t-il à ce que l'on appelait autrefois l'âme humaine. Cet Esprit vient de Dieu et le lie à Dieu, mais ce n'est pas en lui qu'est située l'intelligence comme on vient de l'écrire. Ainsi, si l'intelligence n'est pas le propre de l'homme, l'Esprit, ainsi défini, est lui, le propre de l'homme.

e) Il faut maintenant rappeler des aspects de notre position qu'il ne faudrait pas méconnaître.

1) Évidemment dans le règne animal l'intelligence est loin d'être celle de l'homme, mais il a dû exister des intelligences intermédiaires entre l'Australopithèque et l'Homme actuel. Chez l'animal il y a une intelligence primitive. Dans la partie suivante de ce texte nous suggérerons que l'homme est apparu lorsque l'intelligence de la lignée «Singe-Australopithèque-Homme» atteignit un degré tel que cet être sut reconnaître ses passions et essayer de les dominer, c'est-à-dire lorsqu'il se sentit différent des autres animaux de la forêt.

2) Dans la dernière partie de ce livre nous suggérerons que toutes les propriétés étaient déjà en puissance dans les éléments primitifs qui ont provoqué le big-bang. Nous y proposerons aussi que tout ceci ne peut s'expliquer que par un Dieu Providence.

f) Dans un livre paru chez Odile Jacob qui relate une discussion entre Hockmann et Jeannerot il est proposé que l'intelligence une fois construite, prenne une certaine indépendance par rapport à la matière dont elle est issue. On pourrait presque dire que l'intelligence constitue alors une entité en soi et il se réintroduit l'idée que la structure humaine correspond à une forme de dualisme. Les auteurs ne peuvent guère préciser davantage les caractères de cette indépendance des deux structures, mais ces remarques mériteraient une longue analyse.

Les idées que nous venons d'exprimer ici et particulièrement la thèse soutenant que le cerveau produit la pensée et l'intelligence sont admises aujourd'hui par les neurologues et les éthologues. Antonio Damasio écrit par exemple dans l'ouvrage *Spinoza avait raison* :

> Je crains fort qu'il ne se soit produit quelque chose de comparable avec l'épais mystère qui entoure le problème de l'esprit et du corps. Rechercher une solution, même partielle, exige de changer de perspective. Il faut comprendre que l'esprit émerge d'un cerveau ou dans un cerveau situé dans le corps proprement dit avec lequel il interagit ; que, par la suite de la médiation du cerveau, l'esprit a pour fondement le corps proprement dit ; que l'esprit s'est développé au cours de l'évolution parce qu'il aide à préserver le corps et qu'il émerge d'un ou dans un tissu biologique – les cellules nerveuses – partageant les caractéristiques qui définissent les autres tissus vivants du corps proprement dit. Le fait de changer de perspective ne résoudra pas en soi le problème, mais je ne crois que nous puissions parvenir à la solution sans cela.

De même dans une revue d'un groupe lié à l'Université catholique de Lyon, Jean-Louis Valatx, chercheur, neurologue, écrit en conclusion de son texte sur les sujets que nous avons développés ici :

> Dans la problématique Évolution-Création, je crois sincèrement que ce que l'on nomme la pensée ou esprit est une des fonctions du cerveau et le fruit de l'Évolution. Ce concept est aussi difficile a admettre aujourd'hui que l'était celui de l'évolution somatique du temps de Darwin. Aux théologiens d'en tirer toutes les conséquences !!

Note

Plusieurs pages de ce chapitre III ont déjà été publiées dans un texte que nous avons envoyé comme une sorte de document préliminaire à la revue de Québec, *Laval Théologique et Philosophique*, dans un numéro cité en bibliographie.

CHAPITRE IV

OÙ EST L'HOMME ?
L'INTELLIGENCE DOMINE LES PASSIONS

Il est plus difficile qu'on ne le croit de définir l'homme. Évidemment si l'on compare un chimpanzé ou ce qu'a dû être un australopithèque et un homme actuel, le chimpanzé est différent, mais où cette différence a-t-elle commencé ? Rappelons exactement ce qu'est un homme.

Les zoologistes classificateurs, qui ont rangé les êtres vivants par catégories et donné des noms latins à toutes les espèces vivantes ou fossiles, ont situé les hommes avec les singes dans l'ordre des primates dans le sous-ordre des hominiens et dans la famille des *Hominidés* qui fait suite aux *Australopithècidés*. Chez les *Hominidés*, les hommes constituent le genre homo et l'on a admis que le premier *Homo* dénommé *Homo habilis* est celui qui sut fabriquer les premiers outils de pierre. L'outil constitue en effet dans le passage des Australopithèques aux premiers *Hominidés* un point singulier, comme le disent les mathématiciens, pour marquer une cassure dans une courbe. Ceci inaugure la préhistoire.

Cependant l'*Homo* que nous étudions ici est celui qui a une intelligence assez développée pour se poser des problèmes d'un niveau d'une intelligence supérieure. On pourrait dire que c'est celui qui s'intéresse à la métaphysique, discipline de l'esprit que nous aborderons dans la dernière partie de ce texte. Cette définition de l'homme n'est pas de nous, elle a été proposée par exemple par le biologiste Jean-Pierre Parent dans une réunion très informelle d'un groupe de travail lié à l'Association *Évolution biologique – Philosophie et théologie*. L'homme métaphysique est donc celui qui se pose les grands problèmes qui hantent les hommes depuis toujours.

Une deuxième question se pose. On a écrit que, puisque le hasard a beaucoup joué dans la construction des espèces et donc de l'homme, il aurait pu jouer de façon telle que l'homme n'existe pas. La réponse à cette question est positive, dans l'histoire des vivants l'homme aurait pu ne pas exister. Cependant il ne faut pas oublier un autre fait : puisque l'homme existe actuellement cela voulait dire que de toute façon il était en puissance dans la matière issue du big-bang.

Qu'est-ce qui caractérise anatomiquement cette tribu humaine par rapport à celles qui l'ont précédée anatomiquement ? Rien. En revanche, intellectuellement une fonction fondamentale apparaît chez les hommes. Ils se posent des grands problèmes, ils cherchent aussi à résoudre les difficultés que soulèvent leurs passions et leurs sentiments. Ils savent les reconnaître et en prendre conscience comme tels.

Ici va se situer maintenant la principale différence réelle entre l'homme et l'animal.

L'homme sera celui qui saura dominer sa physiologie hormonale et neuronale grâce aux réflexions de son intelligence.

Bien qu'il soit difficile de faire des statistiques il peut paraître que même sous certaine influence hormonale l'homme serait capable de résister plus ou moins à l'action de n'importe quel facteur agissant sur les sentiments humains tels que nous les avons définis plus haut.

Dans les sociétés humaines on amène devant la justice ceux qui ne suivent pas certaines lois ou principes définis par ces sociétés, mais la justice tient compte dans ses punitions d'une éventuelle maladie mentale.

En fait la justice, lorsqu'elle ne condamne pas un assassin et l'oblige seulement à se soigner, considère qu'il a partiellement perdu son statut humain.

En tenant compte de ces considérations, on ne peut pas nier que l'homme possède une capacité que l'animal n'a pas : résister à ce que sa physiologie lui commande de faire. Un exemple théorique le fera comprendre : aucun animal qui a placé sa patte sur un fer rouge ne l'y laisse, il la retire aussitôt. Il semble bien qu'un homme énergique pourrait considérer comme important de laisser sa main sur un fer rouge et se sentir brûler en se tordant de douleur si une idéologie ou une religion le lui commandait. On a vu des prisonniers torturés ne pas parler sous la torture.

Que se passe-t-il dans ce cas ? On doit penser alors que
les réflexions de l'intelligence peuvent permettre de
dominer les sentiments de douleur et ordonner au malheureux de ne pas parler ou, dans l'exemple théorique du fer
rouge, ordonner à l'homme de maintenir sa main sur le
métal brûlant.

L'intelligence humaine est capable de dominer la
souffrance au nom de principes supérieurs qu'elle a conçus.
Ce sont les réflexions de l'intelligence qui donnent à
l'homme cette capacité. Comme il n'a pas ou peu d'intelligence, l'animal retire toujours sa patte du fer rouge et ne
refuse rien à ses sentiments ou sensations. Cependant cette
question mériterait une longue analyse. Certains animaux
donnent l'impression d'un esprit de sacrifice en particulier
pour protéger leur progéniture. La comparaison avec le fer
rouge est peut-être simplifiée. Ainsi, avec des réflexes
conditionnés, on pourrait sans doute stimuler chez l'animal
des préférences entre deux souffrances, mais ce serait alors
un réflexe dominé par un autre et non pas une réflexion
intellectuelle dominant un réflexe. L'homme amené par son
intellect à des conceptions d'un haut niveau de réflexion
sait dominer sa douleur. Il est probable, bien que nous
n'ayons pas d'expérimentation à ce sujet, qu'à la suite
d'une injection importante de testostérone ou d'une autre
hormone, il sache aussi dominer dans certains cas ce que
sa biologie voudrait qu'il fasse. Il n'agira pas comme le
campagnol que nous avons cité plus haut. Ce sont les
conceptions métaphysiques développées dans son cerveau,
sous l'influence de son éducation, de ses lectures et de ses

réflexions sur le monde qui lui permettent de dominer ses sécrétions hormonales.

L'intelligence humaine, faisant suite directement à l'intelligence primitive du singe, grâce à ses mécanismes hyper complexes, est devenue capable de dominer ses sécrétions hormonales et ses passions. Les esprits religieux faisant l'apologie du martyre disaient alors que Dieu pouvait intervenir dans la mécanique complexe de cette intelligence. Le philosophe peut très bien reconnaître cette idée et l'accepter. Nous voulons seulement montrer ici que l'intelligence avec ses capacités de réflexion élevées peut parfois dominer la nature. Nous ne voyons pas de difficulté à ce qu'il soit possible que chez les croyants la prière intervienne sur les capacités dominatrices de l'intelligence. Une décision première fit qu'un être vivant voulut un jour dominer ses passions.

Bien entendu, il ne faudrait pas croire que cette possibilité de l'intelligence à dominer les passions humaines sera une réussite parfaite. Contrairement à ce qu'ont dit certains, la violence chez le singe supérieur est fréquente (R. Wrangham et D. Peterson, 1997). Cette violence se retrouve dans toute la préhistoire et bien avant le néolithique, mais il n'est pas de notre sujet d'étudier ici la réalité humaine, nous évoquons seulement la théorie de ce qu'est l'homme.

A quelle date dans la série des fossiles que nous connaissons, à quelle heure est apparu un individu chez les simiens possédant déjà l'ébauche d'intelligence que nous avons décrite plus haut et des individus capables de concevoir des réflexions métaphysiques et de dominer leur nature animale ? Nous l'ignorons et peut-être nous ne le saurons jamais ! Peut-être cela est-il apparu si progressivement que l'on n'aurait pas pu reconnaître ce moment si l'on avait suivi en détail l'histoire des tribus d'*Australopithèques* devenus des hommes, ou plus tard l'histoire des tribus *d'Homo erectus* devenus des *sapiens*. Peut-être ceci s'est-il réalisé plusieurs fois, c'est-à-dire dans plusieurs tribus. Cette hypothèse nous parait peu vraisemblable car tous les hommes se considèrent comme des frères, d'ailleurs ils se croisent entre eux et paraissent venir d'une même origine. Une idée toutefois nous tente depuis longtemps. Nous la signalons comme simple hypothèse. Nous avons déjà proposé une conception de ce genre dans un cours destiné aux évêques protecteurs de notre université catholique en 1968. Ce texte fut publié dans la revue *Bulletin des Facultés catholiques de Lyon*.

Ce retournement évolutif a été compris et exprimé sous des formes différentes déjà par Darwin et plus récemment par Patrick Tort.

On peut imaginer que nous descendons d'une même petite tribu humaine séparée des autres par l'Effet fondateur que nous avons évoqué dans le chapitre III de ce texte et qui un jour prit conscience qu'elle était composée d'individus différents des autres et non pas de singes. On peut imaginer une bande d'animaux encore simiens qui commençaient à parler et qui bâtissaient très bien des concepts simples. Les sujets de ce groupe commencèrent à comprendre qu'ils étaient déjà différents des autres. Un jour, peut-être après un feu de camp dans la clairière d'une forêt primitive, l'un d'entre eux, plus évolué fit comprendre à ses frères et à ses cousins qu'ils étaient différents des animaux de la forêt et des autres singes voisins. Ils devaient savoir s'aider entre eux contre la nature sauvage qui les entourait, ils devaient se séparer de ceux qui n'étaient pas capables de comprendre qu'ils n'appartenaient pas tout à fait au même monde animal. Ils devaient essayer d'abandonner leurs caractères violents malgré les difficultés que cela pouvait représenter pour eux et faire des efforts pour dominer leurs crises de colère. Il proposa peut-être qu'ils se donnent un nom nouveau différent des autres singes. Il souleva le problème d'un être supérieur qui les regarderait vivre et qui s'occuperait d'eux après leur mort. Peut-être même, c'est ce que pensent les chrétiens, cet être supérieur aurait pu alors entrer en rapport avec eux et leur attribuer une âme immortelle. Mais cette question est du domaine de la théologie, nous l'évoquons donc sans en discuter davantage car elle n'est pas de notre spécialité. Ses frères et ses cousins l'écoutèrent.

Ce phénomène se serait produit comme une prise de conscience analogue à celle que, nous autres humains du XXIᵉ siècle, nous ressentons parfois après avoir découvert un phénomène que nous avions senti plus ou moins longtemps sans l'avoir parfaitement compris jusqu'au moment où il entre vraiment dans notre conscience.

Leur intelligence avait saisi qu'elle pouvait essayer de dominer leurs sentiments et leurs passions.

Ils étaient devenus des hommes.

CHAPITRE V

AU-DELÀ DE LA SCIENCE
QUESTIONS DE NATURE PHILOSOPHIQUE

LES DEUX FACES DE LA CONNAISSANCE
LE COMMENT ET LE POURQUOI

Dans les pages qui ont précédé, nous avons montré que l'origine de la vie sur la terre, les mécanismes de l'évolution et les comportements du monde animal pouvaient s'expliquer à partir des propriétés de la matière chimique composant le cosmos. Nous avons montré aussi que l'évolution tout entière pouvait s'expliquer par des phénomènes que la science analysait et comprenait.

L'univers où nous sommes apparaît alors aux scientifiques contemporains comme un immense ensemble dont ils espèrent trouver une explication scientifique par des lois prenant en charge l'aléatoire.

De nombreux hommes de science éblouis par ces séries de découvertes, en ont conclu que les connaissances scientifiques actuelles dans un jour plus ou moins éloigné, expliqueraient tout. On dit d'eux qu'ils sont scientistes. Ce mot signifie entre autre chose qu'ils ne voient pas que, même si la science explique tout, il doit exister au-delà de ses connaissances des questions, elles, d'une autre nature, celles que soulève la réflexion philosophique.

Le monde pose en effet deux types de questions : des questions d'ordre scientifique et des questions d'ordre philosophique. Ces deux types de disciplines de l'esprit doivent s'étudier séparément, car elles ne sont pas du même ordre.

La science étudie ce que sont les éléments du cosmos, que ce soit une pierre, une étoile ou une mouche. Elle essaie de les analyser, c'est-à-dire de décomposer ces éléments en parties plus simples, et même quand elle le peut, de les reconstruire, c'est-à-dire de les synthétiser. En somme, on peut dire que la science a pour but d'étudier la matière, ou suivant une expression de la philosophe Jeanne Parrain-Vial le «réel sensible», c'est-à-dire ce que les hommes considèrent comme de la matière ou de l'énergie.

Par contre, après avoir présenté diverses systématisations au cours des âges, on peut dire qu'en opposition avec le mot science, la philosophie cherche à étudier et à connaître les principes suprêmes de tout être et de tout savoir; elle essaie d'analyser l'essence des structures des événements, ou des choses; elle recherche les causes premières, la raison d'être et les raisons les plus élevées du réel sensible. Elle cherche à en connaître les premiers principes et les premières causes. Selon cette branche de la philosophie qu'est la métaphysique en particulier, la philosophie est, suivant une expression de Thomas de Koninck, l'étude des « questions ultimes ». On dit couramment que la question fondamentale de la philosophie est celle du pourquoi des choses. C'est là qu'elle se distingue le plus facilement des sciences qui ne cherchent à en étudier que le comment. Un point important est à noter. Sur le plan du pourquoi et du comment la distinction entre science et philosophie est facile à proposer et la séparation entre ces deux domaines de la réflexion parait assez claire et évidente. Toutefois, étant donné que le mot pourquoi est employé souvent dans un sens populaire où il signifie pourquoi immédiat, nous proposons dans cette analyse que la philosophie a pour but d'étudier les pourquoi ultimes. Nous empruntons ici cette expression à Jean-Michel Maldamé.

Par contre, la tradition situe dans la science ou dans la philosophie des chapitres de notre savoir dont la position est beaucoup plus floue. Ainsi, dans les pages précédentes nous avons donné une définition de l'intelligence qui, pour expliquer le comportement des simiens, parait appartenir au domaine des sciences. Or, nous avons vu dans le chapitre IV précédent qu'au niveau de l'homme la réflexion est amenée à donner de l'intelligence une définition plus complète qui s'apparente en fait à la philosophie. Ces dernières lignes étaient indispensables pour comprendre la complexité des définitions de ces disciplines.

Pour mieux nous faire comprendre, il faut essayer de présenter ce qui est pour le philosophe des sciences la structure de l'univers et de définir les grands faits qui sont à la base de son fonctionnement, ensuite nous reprendrons l'étude des « pourquoi » que pose cet univers.

DANS QUEL COSMOS SOMMES-NOUS ?
LOIS – HASARD – FINALITÉ – DÉTERMINISME – ORDRE.
ANALYSE DE CES CONCEPTS

Nous allons, dans les pages qui suivent, revoir des questions que nous avons évoquées à l'occasion dans les premières parties de ce texte sans les définir clairement.

Nous effectuerons d'abord un essai de présentation fort sommaire des éléments qui constituent le cosmos et de leur histoire.

Dans quel cosmos

On sait que le cosmos a jailli à partir d'un état d'énergie hyperdense qui a éclaté en un big-bang célèbre il y a environ 15 milliards d'années. A partir de là il s'est constitué des atomes, des molécules et des soleils. Ces dernières structures ont constitué des ensembles que l'on nomme galaxies et dans celles-ci chaque étoile ou soleil a pu s'entourer de planètes. Sur l'une d'elle ou peut-être plusieurs dans l'immensité du cosmos, sont apparus des êtres vivants, puis des êtres pensants : les hommes. Des bibliothèques entières, des milliers de travaux sont consacrés à l'analyse de ces éléments et de ces extraordinaires structures. Nous ne connaissons peut-être aujourd'hui qu'un millionième ou moins encore de ce qui est. Avec ce que nous savons nous pouvons déjà bâtir un schéma des mécanismes de fond qui assurent la marche des éléments que nous venons de résumer sommairement.

Qu'est-ce qu'une loi ? Leur importance dans la nature

Tous les éléments, vivants ou non, de la nature sont régis par des lois appelées encore par certains auteurs propriétés (Mayerson). La loi est un lien obligatoire entre des éléments de la nature. On dit que ce sont les babyloniens qui ont compris les premiers ce concept, car ils observaient la régularité des mouvements des étoiles. Nous savons que la place d'une étoile dans le ciel est en effet fonction des attractions qui la relient aux autres étoiles et de la date de l'observation. Les Babyloniens ne connaissaient pas ces systèmes d'attractions, mais reconnurent les faits c'est-à-dire l'existence de liens entre ces éléments. On peut dire des choses semblables pour tout ce qui est dans la nature. L'hydrogène et l'oxygène désignent deux gaz qui sont des corps simples de la classification de Mendeleïev. Ils présentent des propriétés, ou lois, nombreuses et bien connues aujourd'hui. Chacun sait qu'associés, en présence d'une étincelle électrique, ces deux corps donnent de l'eau. Celle-ci possède des propriétés très différentes des deux gaz dont elle est issue. On peut rêver ainsi d'étudier, des plus simples aux plus complexes, tous les éléments de la nature et toutes les lois liées aux éléments de cette nature. C'est le but de la science. Ce que l'on sait déjà dans ce domaine est considérable mais ne représente sans conteste qu'une infime partie du réel. Chaque élément de la nature est marqué par de nombreuses propriétés. Pour les scientifiques modernes c'est en utilisant ce fabuleux « entrelacs » de lois que toute l'évolution s'est réalisée, du big bang à l'homme ; mais dans les rencontres d'éléments entre eux, il y a eu souvent beaucoup de hasard.

Qu'est-ce que le hasard ?

Ce mot si souvent utilisé est très souvent mal compris. L'un des sens que lui donne l'opinion publique correspond simplement à un « phénomène » qui s'est réalisé sous l'effet de causes inconnues ou même sans cause.

En réalité, le mot hasard depuis Aristote et le philosophe Cournot a un sens très précis : « rencontre de séries causales indépendantes ». C'est dans ce sens que l'utilisent aujourd'hui les biologistes qui ont étudié l'évolution. Un exemple fera comprendre.

Dans une salle de cours, un professeur pose une feuille de papier sur son bureau parce qu'il en aura besoin pour son cours. La fenêtre est ouverte, un coup de vent fait tomber la feuille. Le vent venait d'une tempête située sur le bord de mer voisin, la tempête venait d'une tornade située à 100 km en mer, la tornade venait d'une autre perturbation atmosphérique située plus loin encore, etc. C'est donc une série de causes qui a produit le vent et a fait tomber la feuille. La présence de la feuille de papier sur la table était due aussi à une autre série de causes totalement indépendantes de l'arrivée du vent. C'est donc une rencontre de 2 séries causales indépendantes l'une de l'autre qui a fait tomber la feuille.

Cependant, une réflexion s'impose.

En tombant sous l'effet du vent, la feuille a obéi aux lois des forces et des poussées nécessairement liées au coup de vent. Le hasard n'est qu'une rencontre, il ne fait rien par lui-même, il est l'occasion où les éléments qui se rencontrent peuvent faire quelque chose.

En biologie de l'évolution, le hasard joue un rôle considérable, nous l'avons vu dans ces pages.

Les mutations sont dues, par exemple, à la rencontre d'une molécule d'acide nucléique avec un rayonnement de diverses natures : avec un rayon cosmique ou avec un rayon X. La rencontre ne fait rien en soi, ce qui agit ce sont les propriétés des corps rencontrés, c'est-à-dire celles de l'acide nucléique d'un gène. Sous l'effet d'un rayon cosmique, il pourra se transformer et modifier la couleur de l'œil de l'animal porteur de cet œil. Mais il faut noter que cette nouvelle couleur était en puissance dans l'embryogenèse de l'œil. Le hasard ne l'a pas créée, il a utilisé une possibilité de l'embryogenèse et l'a fait apparaître à la place de la couleur précédente.

On peut donc bien dire que le hasard, ou plus exacte-ment le processus aléatoire, ne fait que mettre en place de nouvelles propriétés ou lois, les deux mots étant synonymes.

Ainsi, on ne rappellera jamais assez que le terme hasard ne peut que qualifier la réalisation de ce qui était en puissance dans les éléments de la nature. L'acide nucléique qui a donné un nouveau type d'acide capable de faire un œil de couleur différente de celui de la population d'origine, possédait cette propriété en puissance dans la structure chimique de ses molécules. Un mutant ne fait que ce qui lui est possible. Le processus dit de hasard qui fait apparaître une mutation ne fait pas n'importe quoi. Pour prendre un exemple simple, on rappellera qu'à la roulette il y a 36 numéros et que, par conséquent, on peut jouer une infinité de fois, le 60 ne sortira jamais car il n'est pas dans le possible. Le jeu de hasard ne peut faire ici encore que ce qui était inscrit dans les lois du système. Ici il était dans ces lois qu'il y ait 36 numéros, et non pas 60.

Qu'est-ce que la finalité ?

Un acte est finalisé lorsqu'il est l'objet d'un but, ou la réalisation d'un dessein voulu par une intelligence. Bien qu'il y ait des ébauches d'intelligence chez les simiens, on peut admettre qu'il y a surtout de l'intelligence chez l'homme et il n'a donc existé d'actes vraiment finalisés complexes dans la nature que lorsque l'homme apparut.

Dans l'exemple cité plus haut, portant sur la feuille de papier posée sur une table, on peut imaginer qu'un étudiant passant par là aurait fait tomber la feuille avec ses mains, simplement pour s'amuser. La feuille serait alors tombée sous l'effet d'un acte finalisé.

Mais ici les mêmes exigences que pour le hasard se retrouvent.

Un acte finalisé ne peut encore rien faire qui ne soit déjà dans les lois de la nature. L'étudiant qui pousse la feuille hors de la table pour qu'elle tombe, utilise encore les lois des forces et des poussées en manipulant ses doigts. Si la feuille de papier était un sac de plomb de 100 kilos, l'étudiant ne pourrait pas la faire tomber aussi facilement.

Les contraintes du hasard

Depuis un peu plus de deux ou trois décennies certains auteurs ont insisté sur le fait que tout hasard est soumis à certaines «contraintes». On peut même se demander si certains de ces auteurs, en écrivant ceci, n'ont pas rejoint indirectement une forme de finalisme ou au moins rêvé plus ou moins consciemment de retrouver ainsi un finalisme dans la nature. En somme ils auraient pu penser que le hasard induisant le système de la théorie synthétique jusqu'à l'homme avait été «contraint» de réaliser ce qu'il a fait.

Nous savons très bien que dans les processus qualifiés de hasard il existe des contraintes puisque ce dernier ne peut faire que ce qui était déjà en puissance dans la nature. Rappelons qu'une pièce de monnaie ne peut tomber que sur pile ou face. Il est statistiquement presque impossible qu'elle tienne debout sur la troisième face : la face ronde. De même chez presque tous les vertébrés terrestres le système de l'embryogenèse est programmé pour qu'il ne puisse se faire que 5 doigts. On dira qu'il est «contraint» de réaliser ces doigts. Il est évident qu'ici c'est la sélection qui peu à peu a réalisé ce programme. D'après les documents paléontologiques que nous avons, il semble d'ailleurs qu'il y avait à l'origine plus de cinq doigts, le chiffre se serait fixé à cinq parce qu'il était plus adapté. Il est clair cependant que de temps à autre la marche de l'évolution peut modifier ces contraintes : ainsi les poissons ont donné les batraciens, et plus tard les reptiles ont donné les oiseaux.

Tout est loi dans la nature

Ces dernières remarques attirent l'attention sur un fait important. Nous avons écrit plus haut que nous allions étudier les 3 mécanismes fondamentaux qui entraînent la marche des éléments de l'univers : des lois, des hasards, des finalités. En réalité, tout ceci se ramène à un élément fondamental : les lois. On vient de voir en effet, que les faits dus à des finalités et à du hasard sont en réalité produits par des lois.

La leçon de cette analyse première est simple : Tout est loi dans la nature et rien dans la nature ne se fait sans lois.

Déterminisme et indéterminisme

On dira que dans un système composé de plusieurs pièces en mouvement (une montre) tout est déterminé. Lorsqu'un premier mouvement enclenche le second puis les autres, chacun à son tour se met en marche.

Certains auteurs ont pensé que tout était déterminé dans la nature. Dans ce cas, celui qui aurait connu le détermi- nisme de toute chose aurait pu tout prévoir. Il aurait pu dire par exemple que Monsieur X, passant à Paris devant le 15 rue Soufflot, le 13 mars 2108 devait recevoir une ardoise sur la tête. Laplace avait imaginé un personnage légendaire qui connaissait ainsi le plan et les forces attachées à tous les éléments de l'univers. Certains scientifiques pensent que tout évènement du monde est ainsi entièrement déterminé. Dans une telle éventualité, il n'y aurait aucun acte libre pour l'homme. Nous serions des marionnettes poussées par un destin immuable, le hasard lui-même étant totalement prédictible. Actuellement des physiciens n'acceptent pas cette thèse; ils laissent ainsi à l'homme une certaine possibilité de libre arbitre pour agir sur la nature et le hasard n'est prédictible que dans des cas particuliers très simples.

L'ordre

On dit qu'il y a de l'ordre dans un ensemble pour 50 objets posés sur une table, par exemple, si l'on peut reconnaître dans cet ensemble des lois. Si les objets sont rangés par exemple, par couleur ou par fonction, des crayons avec des crayons, des gommes avec des gommes, etc., l'ensemble est ordonné. De même, une bibliothèque est ordonnée si elle est rangée dans l'ordre alphabétique des auteurs, ou des titres, ou encore par idées. Les pièces d'une montre sont en ordre puisqu'elles aboutissent à donner l'heure. C'est un ordre plus complexe. L'ordre ne peut pas exister sans une certaine finalité à moins que ce soit par hasard que se soit constituée son organisation. On conçoit facilement que plus l'ordre est complexe, moins il y a de chances que le hasard en soit le roi.

Sur ce point, le système de construction de l'évolution biologique présente une étonnante curiosité. Le système des mutations au hasard et de la sélection donne une impression de désordre, mais on ne peut nier que ce désordre ait abouti aux extraordinaires organes très structurés de la nature que nous avons souvent cités. La nature a sa façon de créer de l'ordre.

Conclusion

Après ces analyses sommaires le cosmos tout entier nous apparaît comme un ensemble d'éléments matériels mis en mouvement par un immense entrelacs de lois et de hasards et, lorsque l'homme apparaît, de finalité. Certes, il y a parfois des apparences de finalités dans le comportement animal, et peut-être chez les singes supérieurs l'ébauche d'une véritable réflexion, dans les parties de chasse, par exemple. Mais ce n'est qu'une ébauche! Le but de la science sera de connaître la structure de cette matière jusque dans ses plus infimes détails et les lois, les hasards et les finalités qui ont créé les êtres complexes et assurent leur fonctionnement.

Lorsqu'un scientifique a étudié un phénomène ou un ensemble de faits liés, il construit pour mieux les comprendre des théories d'ensemble. Les explications portant sur des faits simples sont appelées hypothèses; le mot théorie suggère plutôt en général une grande hypothèse. Il manque un terme pour indiquer «théorie correspondant au réel», c'est pour cela que souvent on parle du fait de l'évolution, car il n'y a plus de scientifiques compétents sur

ce sujet aujourd'hui qui doutent de la valeur de l'idée
d'évolution.

RETOUR AUX QUESTIONS SOULEVÉES
PAR LES POURQUOI ULTIMES

Nous voulons rappeler maintenant ce qui a été jusqu'ici
seulement évoqué, la science n'explique que le comment
des choses, et d'une certaine manière leur pourquoi quand à
leur matérialité, la philosophie soulève des pourquoi non
limités à la matière immédiatement accessible à nos sens.
Nos connaissances scientifiques ne peuvent donc, si importantes soient-elles, que nous faire connaître la façon dont
les éléments du cosmos se sont construits, c'est-à-dire
seulement un aspect des choses lié à leur matérialité.

« Comment » veut dire en général suivant quel
processus, suivant quel mécanisme, à la suite de quel type
de loi, grâce à quel jeu de hasard les éléments du cosmos se
sont constitués au cours des âges.

La science travaille toujours sur un donné sensible qui
lui est fourni par la nature, ici des particules de matière,
ailleurs des molécules ou des cellules. Elle ne crée rien
« sensu stricto », elle utilise ce qui est, elle essaie de
décrypter de son mieux ce qu'est l'univers, mais arriverait-
elle un jour à fabriquer un atome, ou un électron, elle
utiliserait les lois de la nature. Elle copierait ce qui peut
s'être réalisé à certain moment de l'histoire du cosmos.
La connaissance scientifique est un approfondissement

permanent de ce qui est connu au départ par nos sens. Peut-être un jour connaîtra-t-elle toute la structure et toute l'histoire du cosmos, peut-être pourra-t-elle refaire de petits big-bang en laboratoire, mais de toute façon elle utiliserait ce qui est dans son aspect sensible. C'est pourquoi elle laissera toujours à la philosophie le soin de s'intéresser à d'autres questions, et notamment : pourquoi cela est-il ?

L'expression « pourquoi ultime », que nous empruntons au Père Maldamé, indique ici la recherche de la cause première d'un acte ou de la cause première d'un fait.

On a vu déjà plus haut – c'est une phrase classique- que « la science recherche le comment des choses et la philosophie le pourquoi ».

Cette distinction est parfois entendue de manière superficielle, mais elle n'est pas passée de mode, on la retrouve chez les contemporains. Ainsi, dans l'ouvrage du Cardinal Poupart, *Ce Pape est un don de Dieu*, qui est un entretien avec Marie-Joëlle Guillaume, on peut lire le texte suivant (p. 141) :

> L'Église peut aider les scientifiques à se redécouvrir hommes et femmes comme tous les mortels et à se poser les questions fondamentales de la vie, celles que l'humanité rencontre et que les philosophes grecs présocratiques, comme Parménide, énonçaient : « Pourquoi y a-t-il quelque chose plutôt que rien ? » Par-delà les réponses scientifiques au comment, la question humaine c'est pourquoi ? D'où venons-nous ? Où allons-nous ? et en définitive : Qui sommes-nous ?

Certains, par une réflexion seulement philosophique, sont arrivés à des conclusions analogues à celles que cite le cardinal Poupard.

Ainsi, dans son livre *Dieu sans barbe*, Paul Clavier reprend aussi cette distinction.

On reconnaîtra facilement que ce sont là des problèmes qui se posent en tout homme. Nous pouvons mieux les exprimer en rappelant une expression de Thomas Koninck déjà citée pour définir la métaphysique : ce sont de toute façon des « questions ultimes ».

Comme le lecteur l'a deviné, nous voyons mal de quelle façon on pourrait répondre à ces questions ultimes autrement qu'en expliquant le monde par un « vouloir intelligent » que l'on peut appeler Dieu.

Un point est à préciser.

La question du pourquoi ultime telle que nous venons de la définir est synonyme d'une expression que l'on a souvent entendue chez ceux qui s'intéressent aux problèmes posés par le cosmos ou, si l'on préfère, la nature. Le cosmos a-t-il un sens, la vie a-t-elle un sens ? Le mot « sens » est ici alors synonyme du mot pourquoi, nous sommes toujours dans l'ordre des questions ultimes.

Même si elle explique un jour toute la physico-chimie du cosmos et des vivants, la science n'expliquera jamais cela, ce n'est pas son domaine.

Nous n'ignorons pas que la position que nous venons de prendre est discutée et nous allons, dans le point suivant, répondre aux questions qu'elle a soulevées.

LE COSMOS EST UNE STRUCTURE ORDONNÉE
ET DONC ISSUE D'UNE INTELLIGENCE
DISCUSSION – QUESTIONS ET RÉPONSES

Dans les pages qui précèdent nous avons pris partie pour la thèse qui soutient que le monde est l'objet d'un vouloir intelligent. Nous allons examiner les critiques de certains auteurs et leur donner une réponse.

Un fausse définition du mot hasard

Certains auteurs ont écrit que le monde tel qu'il est ne pouvait s'expliquer que par le hasard ou une Providence.

En cela, ils voulaient dire que le hasard était un phénomène qui peut à l'occasion faire des choses étonnantes. Nous avons vu que ces idées relatives au sens du mot hasard ne sont pas celles employées depuis Aristote.

En somme les auteurs qui ont employé ces mots, le hasard ou la Providence, auraient dû écrire – cela aurait été plus précis – le monde est le produit du néant ou de la providence. Nous avons vu en effet que le hasard ne fait rien par lui-même. Il utilise la matière dont il dispose et les lois de la nature. Comme on peut difficilement admettre que l'intelligence est sortie du néant, comme il est difficile de nier le rôle des lois de la nature, nous retombons sur l'idée que toute loi nécessite un législateur, une Providence.

L'ordre peut sortir du désordre car des lois souvent mal connues peuvent le faire jaillir du désordre

L'ordre du monde, disent certains auteurs, s'explique par lui-même. Dans certaines circonstances, en science, on voit, à partir de structures désordonnées, apparaître un certain ordre. Si l'on jette de la limaille de fer sur un aimant, les grains de limaille se placent l'un à côté de l'autre en un ensemble ordonné qui donne un beau dessin que l'on trouve dans tous les traités élémentaires de physique. L'ordre est sorti du désordre. On a des exemples plus complexes.

Nous avons vu plus haut que les termites construisent une termitière grâce à des propriétés individuelles innées, la tendance à construire des murs qui les protègent du soleil ou de la lumière, par exemple. L'ensemble des propriétés internes de chaque termite se conjugue de façon telle que finalement il se construit un mur puis une termitière géante, sans qu'il y ait un chef de construction. Ceci a été bien démontré à partir d'expériences par le biologiste français Pierre-Paul Grassé. Notons au passage d'ailleurs que cet auteur pensait que l'existence d'un Dieu était nécessaire pour expliquer le monde. Il l'a écrit sans ambages dans deux articles, l'un dans les années 30, l'autre en 1983.

Certains ont conclu que les observations du Professeur P.P. Grassé correspondaient à une possibilité générale des éléments de la nature et qu'il n'y avait donc pas lieu d'expliquer l'existence de cette nature par un vouloir intelligent, par un grand « ordonnateur ».

Il n'est pas douteux évidemment que, dans ces cas, l'ordre est bien sorti du désordre, mais cela veut dire que les systèmes liés à l'aimant, ou, si l'on préfère, les propriétés de l'aimant et les gènes des termites, possèdent en puissance la capacité d'organiser la limaille de fer ou de construire des murs contre le soleil et peu à peu une termitière.

Un ensemble de cette nature ne donne de l'ordre que lorsque la propriété de donner cet ordre dans une circonstance déterminée était en puissance dans l'élément observé de cette nature. L'ordre ne sort du désordre que parce qu'il était « en puissance » dans le désordre.

Nous sommes donc ici ramenés au problème précédent : d'où viennent ces propriétés « ordonnatrices » en puissance ? Et si elles venaient des immenses jeux du hasard sélectionné que presque tous les biologistes admettent depuis Darwin, on se demanderait alors pourquoi ces jeux ont inventé des systèmes où l'ordre sort du désordre ?

Le bricolage de la nature

Certains auteurs ont écrit aussi que le monde ne provenait pas d'un grand ordonnateur, car il ressemble, suivant un mot de Jacob, à un immense bricolage et non pas à une usine où tout serait pensé à l'avance, où les pièces s'intégreraient parfaitement l'une à l'autre sans qu'il n'y ait jamais de déchets. Ceci serait vraiment un ordre. Le bricolage réel de la nature est dû au système darwinien où la sélection et le hasard des mutations laisse survivre les mieux adaptés. Il est donc évidemment typiquement un fabuleux désordre d'où jaillit l'ordre. Que l'ordre jaillisse par le système darwinien ou dans l'atelier d'un spécialiste de la mécanique de précision, peu importe, il existe ! Le

système darwinien possède en lui-même la capacité de
créer un certain ordre. C'est cela qui étonne et suggère
toujours un « ordonnateur » qui a voulu ce système.

En outre, ce système a pour les hommes un avantage
capital, il leur donne une possibilité de libre arbitre. Nous
reviendrons sur ce sujet dans le dernier point de cette partie.

*Une phrase d'Hérodote mal comprise. Un cosmos
éternel*

Hérodote a écrit :

« *Qu'on prodigue le temps, tout le possible arrive* ».
Puisque l'on peut penser, au moins à titre d'hypothèse, que
l'univers a toujours existé, tout a pu s'y produire. Dans ce
cas, nous sommes sur l'une des planètes où il s'est formé
des êtres vivants et des hommes pensants se posant des
questions sur leur origine et leur destin. Dans l'optique des
auteurs qui soutiennent cette thèse, si le temps du cosmos
était infini, tous les cas possibles se seraient réalisés et il n'y
aurait donc besoin d'aucune intelligence pour que le monde
où nous sommes soit construit. Le temps aurait suffi.
Telle est la thèse de certains auteurs.

Cette thèse est confortée par l'idée, assez souvent
reconnue aujourd'hui comme hypothèse sérieuse, qu'il y a
eu depuis toujours des big-bang et qu'il y en a même peut-
être existé en plusieurs lieux très éloignés l'un de l'autre
dans l'espace infini.

La première réponse à cette thèse est simple : Hérodote a
écrit « *tout le possible arrive* », et non pas « tout peut
arriver ».

Il faut en effet préciser que si l'on peut prodiguer le temps à l'infini, seul le possible arrivera.

La vie humaine était peut-être en possible dans l'immensité de la nature, mais c'est là alors un phénomène tout à fait étonnant. On voit mal comment ceci aurait pu être en possible sans un vouloir intelligent.

Personne n'a jamais nié que la structure du cosmos et de la vie dépassait en complexité tout ce que l'on pouvait imaginer. Pourquoi existe-t-elle ? Pourquoi est-elle là ?

Effectivement avec le temps, à la roulette, on pourrait voir un jour le 2 sortir un million de fois de suite, un statisticien calculera très vite combien de tours il faudra jouer pour que ce phénomène se reproduise … mais nous l'avons écrit plus haut, le 60 ne sortira jamais parce qu'il n'est pas en possible dans le jeu. Il faut admettre que dans cette explication des œuvres de la nature grâce au temps infini du cosmos, la vie humaine et son intelligence étaient dans le jeu. Avec le temps, tout le possible arrive, mais seulement le possible. On se demandera alors à nouveau pourquoi cet homme intelligent était en possible, les philosophes diraient en « puissance » dans le cosmos.

On peut penser que les éléments originels de la matière auraient possédé la capacité de faire cet ensemble dont l'immense structuration actuelle nous étonne. Dans ce cas on ne voit pas pourquoi les éléments qui furent à l'origine de ce cosmos auraient possédé les propriétés nécessaires pour réaliser ces ensembles complexes sans qu'une intelligence ne l'ait voulu et décidé ! Ce conte de fée est impensable.

Le prix Nobel Edelmann, biologiste spécialiste du cerveau, n'a pas hésité à déclarer que le cerveau humain était la plus fabuleuse machine construite dans le monde. Il se déclare pourtant matérialiste. Le fait que ce cerveau humain se soit constitué par les seules lois de la nature en évolution ne l'a pas amené à se demander d'où provenaient une matière et des lois qui ont construit un tel système si intelligent. Cela prouve qu'il y a des esprits remarquables, insensibles aux frissons de la métaphysique. Or, on le sait la nature n'est qu'un défilé majestueux d'appareils étonnants : l'œil, l'oreille, le radar des chauve-souris, le cerveau intelligent des hommes. Nous admettons parfaitement que tout cela est né de lois naturelles. Mais si tout cela est né d'une certaine matière et de lois naturelles on doit se demander pourquoi existent ces lois naturelles. Comment ne pas voir que tous ces possibles génèrent un immense problème, même si ce cosmos a toujours existé ? On ne voit pas comment le cerveau humain se serait construit sans être le fruit d'une intelligence. Il y aurait eu une intelligence sans intelligence !

En s'appuyant sur la phrase d'Hérodote, pour donner à la matière une capacité de création aussi étonnante, on a oublié aussi un vieux principe philosophique qu'utilisent constamment les classificateurs de l'école cladistique : le principe de l'économie de la nature. Il est admis depuis des siècles que, en général, les constructions de la nature utilisent le schéma le plus simple : elles sont économes.

Dans ces conditions, dans le vide spatial rien n'aurait dû exister. Le vide spatial aurait dû être un quasi-néant.

En réalité, c'est le phénomène inverse que l'on observe. Ce qui existe dans l'espace c'est une matière si complexe qu'elle a conduit Edelmann aux réflexions que nous avons citées plus haut. Le principe de l'économie de la nature est ici totalement inversé. Quelle est la cause de cette structuration hors nature? Rappelons encore une fois que dans l'espace immense de l'univers ce qui aurait dû « être » était le néant.

En fait, l'idée que le cosmos est infini pose autant de problèmes que sa création en un temps A. Dans l'hypothèse de la création, on voit ce commencement, ce qui pose un problème immédiat. Dans l'hypothèse d'une durée infinie du cosmos on a l'impression de repousser le problème immédiat à l'infini, mais il demeure. En effet, on pourra toujours se demander quelle est la raison d'être de ces éléments d'un ordre infini qui se présentent dans l'espace. Si un élément existe depuis toujours, en l'occurrence le cosmos, on devra tout autant dans un monde fini se demander pourquoi ce cosmos existe. Sa raison d'être se pose de la même façon qu'il ait toujours existé ou qu'il ait eu un commencement visible.

L'idée d'infini donne l'impression que l'on n'a pas besoin de se poser de questions sur l'origine ontologique de ce qui a toujours existé. C'est une illusion, on se donne un faux satisfecit.

Il ne faut donc pas confondre « tout le possible arrive » et « tout peut arriver ».

Or, tout n'est pas arrivé dans le « toujours » du temps.

D'ailleurs, si tout s'était produit, un phénomène aurait bousculé toutes les prévisions. Il y aurait eu à un moment donné une destruction totale et définitive des particules de la matière et nous ne serions plus là pour discuter de ces questions.

Une question illogique. Des éléments originels très simples à l'origine de tout, et l'acquisition progressive de propriétés

A l'inverse de la conception précédente, certains auteurs ont cru simplifier le problème du pourquoi ultime des choses avec une hypothèse inverse.

On a imaginé un espace peuplé d'éléments originels très simples qui en s'associant donneraient avec le temps, à chacune des étapes de leur constitution, des éléments de plus en plus complexes, atomes, molécules, êtres vivant et Hommes, et à chaque étape il serait alors apparu de nouvelles propriétés. Les propriétés particulières de chaque élément du cosmos se seraient en somme construites par étape, peu à peu. On pensait que, ainsi, cette apparition progressive des propriétés de la nature supprimait les questions que soulève l'existence de ces propriétés !

Cette opinion est évidemment d'autant plus acceptable sur le plan scientifique que c'est bien en apparence ainsi que cela s'est passé.

Cependant, il faut alors réfléchir à l'idée que les premières particules élémentaires n'étaient pas n'importe quoi. Elles devaient posséder en puissance un nombre incroyable de capacités qui leur permettraient successivement de s'associer en éléments complexes et d'acquérir les propriétés de chaque étape. Ces particules originelles, qui ont peut-être réellement existé, devaient être si riches en propriétés que l'on ne voit pas comment elles auraient pu « être » sans un vouloir intelligent.

En fait, que le cosmos se soit construit avec des particules possédant en puissance au départ des propriétés fabuleuses, ou bien que ces propriétés soient apparues peu à peu à chaque étape de ses constructions, ceci pose exactement les mêmes problèmes ontologiques. Un raisonnement de statistique simple fait comprendre ce que nous venons de décrire : imaginons deux loteries de 500 000 billets : dans la première on a un seul gros lot qui représente par exemple 100 000 euros et dans la seconde dix gros lots de 10 000 euros. Un joueur veut absolument gagner 100 000 euros, pour être sûr de les gagner dans le premier cas il doit acheter les 500 000 billets et dans le deuxième cas il doit aussi acheter la totalité des billets. Ainsi, que l'ordre et les lois de la nature apparaissent brusquement d'un seul coup ou en dix fois, ce sera le même problème. On notera que cette thèse des apparitions de propriétés est une vieille idée plus ou moins liée au matérialisme dialectique des marxistes.

HASARD ET LIBRE-ARBITRE HUMAIN

Certains disent que le monde où nous vivons, extrêmement architecturé, soulève un immense problème en contradiction avec l'idée d'une intelligence du cosmos.

AU-DELÀ DE LA SCIENCE

Beaucoup d'hommes y sont malheureux, ne mangent pas à leur faim, souffrent de maladies parfois terribles, meurent en laissant des proches en difficulté, etc. Tout ceci est terriblement vrai. C'est le problème du mal.

Ils pensent en conséquence, ou bien que l'Intelligence du monde n'a pas fait une bonne action en créant la nature, ou bien qu'Elle n'existe pas.

La réflexion philosophique a une réponse qui se retrouve déjà chez Aristote.

Nous avons analysé plus haut le rôle du hasard dans l'évolution, et défini le hasard des scientifiques. Nous avons vu d'autre part ce que l'on appelle le déterminisme.

On pourrait rêver d'un monde où tout serait pour le mieux. Dans cet univers celui qui a envie d'envoyer un coup de poing à un voisin qui l'a injurié sentirait, au moment de l'acte, les muscles de son bras s'arrêter et sa bouche marquer un sourire aimable. Il pourrait même ne pas exister d'injures. Dans cet univers, le blé pourrait pousser toujours seul, planté par les oiseaux, et la pluie tomberait sur le champ exactement au niveau où elle doit tomber. Ne voit-on pas que dans cet univers les hommes ne seraient plus que des marionnettes gouvernées par un déterminisme total ? Il n'y aurait plus de malheur, mais plus aucune trace de liberté humaine. Chacun exécuterait seulement des actes que depuis toujours il aurait été destiné à faire, tel jour, à telle heure, à tel endroit … Pour que le monde soit un monde parfait, il faudrait que tout soit déterminé. On peut se demander ce que préféreraient vivre des êtres humains qui auraient le choix entre ces deux situations possibles : l'état de marionnette ou le libre arbitre !

On peut évidemment rêver d'un type de vie intermédiaire, mais dès qu'un peu de libre arbitre rentrerait dans un système déterminé, tout ce déterminisme s'effondrerait et l'on se retrouverait dans notre univers avec ses difficultés et ses soucis.

Le jeu du hasard laisse la possibilité du libre arbitre humain, et les libertés se paient.

C'est dans le cadre de ces questions qu'il faut situer enfin la thèse moderne venue des États-Unis portant sur les raisons d'exister du cosmos que nous habitons. On sait que plusieurs religions, surtout protestantes américaines, se maintiennent avec vigueur dans une position créationniste. Elles interprètent à la lettre les textes de la Bible et pensent que malgré tous les travaux des scientifiques, dont ils ne veulent pas entendre parler, les périodes de l'histoire du monde correspondent aux jours du récit de la Genèse. On sait même que certaines associations de parents d'élèves très puissantes dans le système américain voudraient que ceci soit enseigné dans les cours de science en temps égal avec les théories de l'évolution.

Depuis quelques années a jailli un courant de pensée qui veut montrer que le monde connu est le fruit d'un dessein intelligent. C'est « l'intelligent design ».

Plusieurs interprétations de cette expression peuvent être faites sans en avoir une analyse trop simple.

a) Certains auteurs prétendent que c'est un créationnisme déguisé sous un autre nom. C'est possible. Il y aurait
un gros travail à faire sur l'analyse des écrits de ces auteurs
pour retrouver cette opinion. S'il en était ainsi on ne
pourrait pas prendre «l'intelligent design» au sérieux et il
faudrait mieux en rire.

b) On peut penser aussi que «l'intelligent design»
signifie que l'évolution a été poussée par une force mystérieuse que les scientifiques peuvent deviner et ne peuvent
pas connaître avec précision. En France, à la fin du XIXe
siècle, et dans la première moitié du XXe, divers auteurs,
nous l'avons déjà évoqué, ont soutenu des thèses finalistes
qui ressembleraient à cette position. Pour ces auteurs il y
avait au niveau même de la science des difficultés inexpli-
cables qui nécessitaient cette force mystérieuse. Nous
avons vu dans ce texte que la théorie synthétique, confor-
mément aux exigences de la méthode scientifique, n'avait
pas besoin de faire appel au surnaturel. Cette conception finaliste nous est donc apparue comme une erreur
intellectuelle.

c) Dans ces pages nous avons pris une position différente en montrant que le comment des choses était entièrement explicable par la science et que c'était seulement dans
le domaine de la philosophie, que l'on pouvait se poser la
question de savoir si le monde était l'objet d'un dessein en
répondant à un ultime *pourquoi est-il ?*

Dans cette dernière optique, il y a une différence
fondamentale entre «l'intelligent design» et la thèse que

nous avons soutenue bien que toutes les deux placent une intelligence du monde à l'origine de toute chose.

Plusieurs lecteurs pensent certainement que le texte correspondant à cette dernière partie n'est pas autre chose qu'une reprise des arguments en faveur de l'existence de Dieu, mise à jour pour le XXIe siècle, mais écrite déjà il y a plus de 800 ans par Saint Thomas d'Aquin, à l'école d'Aristote et de Platon. Nous n'avons pas la prétention d'en avoir dit davantage.

Ces réflexions banales amènent toutefois à des remarques importantes.

Saint Thomas en son temps, pour démontrer l'existence d'un Dieu situé hors de la matière s'est émerveillé sur ce que l'on savait de la nature. Il aurait pu se comporter comme certains finalistes du XXe siècle qui croyaient que Dieu était intervenu lui-même ou par une force spéciale pour fabriquer, par exemple, l'œil humain. Il s'est contenté d'évoquer le premier moteur et une argumentation que les connaissances modernes de la science n'ont jamais pu invalider car elles étaient d'une autre nature. Pourtant on ne peut pas nier que les auteurs chrétiens qui recherchent dans nos connaissances scientifiques actuelles autre chose que des faits compréhensibles par l'homme, consciemment ou inconsciemment, essaient de trouver des preuves de l'existence de Dieu issues des données établies par la science, et veulent donc aller au-delà des argumentations de Saint Thomas et compléter en quelque sorte ses analyses.

Il faut noter que, par contre, d'autres auteurs ont eu des doutes sur la seule explication par la science, même s'ils sont restés agnostiques. Nous devons leur en savoir gré, quelle que soit la façon dont ils y répondent. Jacob fut de ceux-là, dans un texte que nous croyons utile de citer :

> On se demande parfois s'il peut y avoir des limites à la recherche scientifique. Cette question est relativement récente (F. Jacob, *La souris, la mouche et l'homme*, p. 229).

Il penchait plutôt pour le contraire. Jacob rappelle alors qu'au XVIIIe siècle on était convaincu que la science tôt ou tard résoudrait tous les problèmes qui se posent à l'homme. Il précise alors qu'il y a des limites à l'investigation scientifique et il cite :

> Quel est le sens de la vie ? Que faisons-nous sur Terre ? La science n'a rien à dire face à de telles questions… Un domaine entier est totalement exclu de toute enquête scientifique… (*ibid.*).

Enfin il termine en écrivant :

> Non que ces questions soient futiles. Chacun de nous, tôt ou tard, se les pose. Mais ces questions, … relèvent de la religion, de la métaphysique, voire de la poésie. Aucune science ne peut apporter de réponses à de telles questions (*ibid.*).

CONCLUSION GÉNÉRALE

La conclusion de ce texte peut se résumer en plusieurs points.

La matière vivante n'est pas animée par une *psychè* mystérieuse, c'est seulement une structure chimique extrêmement complexe. On reconstruira de très petits êtres vivants en laboratoire dans les décennies qui viennent. Cette perspective est admise par tous ceux qui ont étudié ce problème.

A partir de l'idée que la matière vivante est de la chimie on peut tout imaginer. On envisage aujourd'hui de fabriquer un vivant primitif plus évolué que le virus déjà actuellement synthétisé. On peut pousser à l'extrême notre fiction. Il arrivera un jour où l'on fabriquera artificiellement un ovule humain non fécondé. On mettra cet ovule dans l'utérus d'une femme et, fécondé, il deviendra un homme.

Rien ne s'oppose aussi à ce que l'on puisse féconder une femme avec un spermatozoïde fabriqué en laboratoire, ce sera peut-être plus difficile, mais tout ceci n'est plus qu'une question de technique et de moyens financiers.

Nous savons bien que pour ne pas se soucier des problèmes que posera cette question certains disent que cela ne se fera jamais. C'est pourtant dans la logique de certains chercheurs qui voudraient faire un homme idéal sans tare génétique.

En outre, en science, on ne peut pas dire que quelque chose ne se fera pas. Entendons-nous bien cependant, les hypothèses que nous avons suggérées sont issues de réflexions logiques réalisées à partir de ce que l'on sait des capacités de la chimie moderne ; mais il est plus qu'évident, si nous considérons ceci comme possible, que ce n'est pas pour demain. Nous nous gardons bien d'émettre la moindre date ou la moindre précision sur le jour où cela arrivera. C'est seulement ici une bonne hypothèse. On remarquera que nous sommes beaucoup plus optimistes pour la synthèse d'un être vivant très simple, d'une bactérie primitive par exemple.

L'évolution biologique n'est plus une hypothèse, mais un fait qui n'est plus discutable sérieusement.

Les spécialistes des théories explicatives de l'évolution admettent presque tous les idées de Darwin. Il y a seulement des variantes à l'intérieur du système darwinien.

C'est le cerveau qui construit l'intelligence, les sentiments, la conscience de soi, la pensée et la mémoire. Cette conception est presque unanimement admise par les éthologistes et les neurologues. Nous n'avons donné dans ce texte que les arguments des éthologistes. On peut ajouter sans être neurologue qu'il n'est pas illogique pour un biologiste que des masses de cellules cérébrales soient capables de porter une pensée, c'est-à-dire une propriété autre que celles qui concernent la matière car, au niveau des êtres vivants, dans un ensemble complexe il y a plus que dans le total de plusieurs unités. Cette thèse a été soutenue lors d'une réunion de notre équipe de travail, notamment par la paléontologiste de Louvain, Madame Groessens.

Les études sur le cerveau, la pensée, la conscience et l'intelligence en particulier posent évidemment des problèmes aux scientifiques que l'on est loin d'avoir résolus. Ce sont des produits de l'être vivant totalement impalpables et qui paraissent différents de la matière que nous savons étudier aujourd'hui. Il faut penser que, à certains stades extrêmement complexes, les cellules vivantes sont capables d'émettre une structure non matérielle. La science a réalisé tant d'observations étonnantes que ceci serait peut-être possible. On a noté tout au long de ce texte que cette intelligence apparaissait déjà chez l'animal, mais il est évident que cette intelligence animale, actuellement connue, est très faible par rapport à celle de l'homme. Cependant, on ne voit pas pourquoi il n'y aurait pas continuité entre les capacités des australopithèques les plus proches de l'*homo* et ceux de ces premiers hominiens fabriquant des outils de pierre. Le singe actuel construit aussi des outils, par exemple il casse des brindilles de bois pour aller chercher des termites. Nous avons estimé plus haut que l'homme métaphysique apparaît lorsque l'intelligence est capable d'envisager de dominer les passions. Cela reste évidemment une hypothèse (voir le chapitre IV de ce livre).

La connaissance scientifique ne nous permet de comprendre qu'une facette des questions que nous nous posons sur le cosmos auquel nous appartenons.

La réflexion philosophique, basée en partie sur ce que savent les scientifiques, parait à certains répondre à toute une série de questions qui n'appartiennent pas au domaine des sciences.

La fantastique explosion de données nouvelles acquises au cours de ces deux derniers siècles a fait croire à certains qu'ils étaient sur le point de connaître le monde dans sa totalité. C'était une prise de position illogique. Cet espoir ne pouvait porter que sur les connaissances scientifiques.

Dans le domaine de l'évolution biologique en particulier, on a cru parfois que les étonnantes découvertes réalisées depuis un siècle pourraient clore le débat ouvert dès l'antiquité sur le Pourquoi ou le Sens du monde et que l'on allait bientôt expliquer la nature dans le cadre d'un matérialisme total. Contrairement à ce qu'ont écrit de nombreux auteurs, il paraît difficile de dire aujourd'hui que le cosmos, la terre et les hommes ne sont pas le fruit d'une Intelligence.

On rappellera en particulier que le hasard ne fait rien qui ne soit déjà en puissance dans la nature. On précisera en outre que, même si la nature matérielle a toujours existé, et s'il y a eu d'éternels recommencements, cette intelligence du monde parait toujours nécessaire pour expliquer l'existence du cosmos où nous sommes. On peut penser même, il nous semble en positif que, malgré les difficultés soulevées par le problème du mal, l'univers est un système trop complexe, trop ordonné et trop organisé pour ne pas avoir été voulu par un être, lui-même d'une intelligence située au delà de toute représentation.

Nous croyons utile de bien préciser le niveau exact des difficultés intellectuelles que suggèrent la nécessité de cette intelligence du monde.

Dans la première moitié du XXe siècle certains auteurs, que l'on a dénommés les «finalistes», croyaient que le hasard défini par Cournot comme rencontre de séries causales indépendantes était créateur par lui-même.

Ils pensaient alors qu'il était truqué. Cuénot, biologiste français de génie, disait même au début de sa carrière qu'il devait exister un anti-hasard. Cette conception était fausse.

Ce qui pose problème c'est l'existence d'une matière cosmique de base qui, à partir du big-bang, a donné toutes les possibilités de la nature actuelle et possédé peut-être des possibilités qui ne se sont pas réalisées.

Il faut donc sortir de la confusion : il ne faut pas croire que le hasard réalise par lui-même ce dont il déclenche seulement la constitution. La formation de tous les éléments de la nature était « possible », ou si l'on préfère « en puissance », dans les éléments originels de cette nature. Ce sont ces « possibles » dont nous ne voyons pas la raison d'être qui posent problème. Les questions fondamentales de la vie ne résident donc pas dans un anti-hasard, mais dans l'existence des capacités de la matière originelle de l'univers. On voit mal comment tout ceci pourrait exister sans une intelligence du monde.

Cette réflexion n'est plus une question scientifique, c'est une question philosophique.

Il ne faut pas se tromper sur le niveau où se situe l'objet de nos réflexions.

Le hasard n'est pas truqué ni violenté à l'occasion par des coups de pouce d'une intelligence organisatrice de l'univers. Tout ce qui se produit lorsque l'évolution biologique fabrique des êtres vivants et même l'intelligence correspond à des phénomènes naturels étudiables par l'homme de science qui, dans son laboratoire, travaille exactement comme le plus pur des matérialistes. C'est seulement en allant au-delà de la méthode utilisée dans son laboratoire que cet homme de science peut devenir philosophe. Il conçoit alors la nécessité, pour construire le cosmos et les êtres vivants, que la matière originelle ait possédé des capacités ou propriétés lui permettant de donner, peu à peu par accumulation de complexité, des virus, des êtres vivants très complexes et des hommes intelligents.

Devenu philosophe, le scientifique pensera alors que les propriétés de cette matière sont pour le moins étonnantes et suggèrent une intelligence. Matérialiste dans son laboratoire, il deviendra spiritualiste dans sa réflexion philosophique.

En tout homme de science il peut ainsi exister deux chemins de réflexion totalement différents comme il y a deux faces dans une médaille.

Il y a deux problèmes qui appartiennent à la théologie sur lesquels je me permettrai de « souffler » mes opinions en sachant que je suis en dehors de ma spécialité.

a) A l'exception de rares théologiens, ces derniers ont pendant longtemps interprété la Bible presque à la lettre. C'était presque de l'animisme. Beaucoup n'osent pas complètement se sortir de cet état d'esprit illogique aujourd'hui.

b) En exprimant la thèse que chaque être humain est un fabuleux complexe de substance seulement chimique nous avons sûrement choqué beaucoup de lecteurs, car dans toutes les religions on pense que l'homme est composé d'une âme et d'un corps ou, si l'on préfère d'un esprit et d'un corps. On croit souvent aussi que c'est l'âme qui domine le corps, pense pour lui et le fait agir.

Nous avons dit plus haut que l'être vivant est de la chimie au point que nous pensons qu'un jour on fabriquera dans un laboratoire des spermatozoïdes et des ovules humains, et en les plaçant dans l'utérus d'une femme, ils pourront donner des hommes normaux. Ici cependant une question théologique se pose : ces êtres artificiels auront-ils une âme éternelle ? J'ai demandé l'avis de deux grands intellectuels qui pouvaient avoir à ce sujet des idées, le célèbre philosophe de Louvain, Ladrière et le paléontologiste Tintant dont on sait, lorsqu'on l'a connu, qu'il avait une grande culture philosophique et même théologique. Le premier m'a répondu :

> on ne peut pas le savoir, si Dieu veut lui donner une âme, il la lui donnera, s'il ne veut pas lui en donner, il ne lui en donnera pas.

Le deuxième m'a répondu :

> en créant le monde Dieu s'est volontairement rendu prisonnier du système qu'il a créé. Tout être qui a exactement la structure chimique d'un vivant humain et qui est intelligent et conscient de ce qu'il est, doit donc recevoir une âme.

On peut très bien concevoir que tout « homme chimique » ait un esprit ou âme différente de son corps et qui le lie à Dieu. Cet esprit pourra essayer d'influencer le corps chimique pour l'aider à mieux réaliser son destin, mais ce corps sera libre d'écouter ou non ce que lui dit son esprit. Il pense et il conserve son libre arbitre. Autrement dit l'homme chimique reste libre par rapport à l'esprit d'origine divine.

Ainsi, il faut bien préciser aussi que, si Dieu n'est jamais intervenu au cours de l'évolution pour transformer les pattes d'un crabe ou même pour donner à l'homme une intelligence et une conscience, puisque nous pensons que celles-ci étaient en puissance dans le système de la nature, cela ne veut pas dire que, l'homme une fois apparu, Dieu ne puisse pas entrer, en communion avec tout homme qui prie. A notre avis il n'a aucune raison de le laisser seul dans la « condition humaine ». Tout ceci justifie la religion et la prière. Ces idées doivent pouvoir s'intégrer dans les thèses du judéo-christianisme classique et celui-ci doit pouvoir y pénétrer comme une main dans un gant. Ce problème n'est plus de la philosophie ou de la science mais se trouve en théologie. Nous nous sommes permis d'évoquer ces sujets pour mieux nous faire comprendre auprès des spécialistes de cette discipline.

Sur ces dernières questions que le lecteur veuille bien s'adresser à eux.

POSTFACE

Au terme de cet ouvrage, qu'il nous soit permis de donner quelques précisions d'ordre théologique dans le prolongement de la voie ouverte dans la tradition thomiste.

La question qui fait difficulté dans les débats est celle d'articuler explication scientifique et explication métaphysique. La difficulté porte sur la compréhension de l'action créatrice de Dieu.

En effet, la notion de création affirme que tout ce qui est existe parce que Dieu le fait être. Il y a donc une action de Dieu. La théorie de l'évolution repose sur le principe que tout ce qui est apparu dans le cours de l'histoire de la vie est le fruit des transformations de l'énergie et de la matière. Comment accorder ces deux actions? L'athéisme et le créationnisme sont sur ce point d'accord quand ils considèrent que les deux actions sont exclusives l'une de l'autre. C'est une erreur. La notion de création, entendue au sens strict, ne désigne pas une transformation qui serait la première ou celle qui viendrait pallier une insuffisance du processus vital. La création est un acte par lequel Dieu donne de se produire aux transformations mises en lumière par la théorie de l'évolution. Il y a coopération ou synergie entre les deux sources de la réalité.

Une image permet de comprendre cette coopération. Lorsque j'écoute un morceau de musique, je perçois une unité qui est le fruit de la coopération du musicien et de son instrument. Tout est de l'instrument et tout est du musicien. Il n'y a pas lieu d'enlever à l'un ce que l'autre fait et de partager leur action comme on compose les forces en mécanique. Tout est de l'un et tout est de l'autre – plus encore, rien n'est de l'instrument qui ne soit du musicien et rien du musicien qui ne soit de l'instrument. Ceci est possible parce que les deux acteurs ne sont pas du même ordre. On peut appliquer ceci au concours entre Dieu et les forces de la nature et dire : tout est de Dieu et tout est de la nature. Tout, absolument tout ! L'analogie demande à être nuancée – car Dieu fait tout, il est non seulement le musicien, mais aussi celui qui a écrit la partition et bâti l'instrument... La position des créationnistes ou celle des athées est le fruit de la même erreur ; ce qu'ils donnent à l'un, ils sont obligés de l'enlever à l'autre. Les scientifiques athées ont raison de dire que la nature fait tout, mais ils ont tort de chasser Dieu car celui-ci n'agit pas dans cet ordre ; les créationnistes ou tenants de l'*Intelligent Design* ont raison de dire que Dieu agit, mais ils ont tort de lier leur confession de foi aux insuffisances d'une théorie scientifique. C'est une faute métaphysique dans un cas comme dans l'autre. La tradition chrétienne en reconnaissant la transcendance de Dieu ne se reconnaît pas dans cette ignorance de la grandeur de Dieu.

Le scientisme matérialiste écarte un Dieu dont l'action fausserait le cours de la nature – par intervention ou par manipulation. L'apologétique de l'*Intelligent Design* fait elle aussi de Dieu celui qui intervient pour fausser le cours naturel des choses. Elle ignore la grandeur de Dieu ; elle fait de lui un acteur qui agit par manière de transformation ou de fabrication ; elle a de la création une idée chosiste. Cette apologétique méconnaît que Dieu, en donnant l'être à tout ce qui est, donne aux êtres la dignité d'être causes – comme le relève saint Thomas d'Aquin.

L'ouvrage de Michel Delsol apporte une contribution au débat en sortant des impasses de l'apologétique et en invitant à un travail théologique nourri de la vision du monde.

L'ouvrage a le mérite de porter l'attention sur le point qui fait difficulté dans la théorie synthétique de l'évolution. Celle-ci en effet s'appuie sur la génétique et reconnaît que la transmission des gènes dans la reproduction – surtout dans la reproduction sexuée – se fait de manière aléatoire. Les matérialistes et les fondamentalistes placent la reconnaissance du hasard en opposition avec la notion de projet créateur ou dessein divin. Ils n'honorent pas là encore la notion de création.

Selon la tradition théologique chrétienne, Dieu crée le monde selon sa nature propre et il lui donne son autonomie ; il donne aux êtres la dignité d'être causes. Comme tout ce qui est différent de Dieu ne participe pas de sa perfection absolue, les êtres créés sont contingents; ce terme philo-sophique a retrouvé sens dans les sciences où on qualifie les faits d'aléatoires et les lois de stochastiques. Il est donc nécessaire de reconnaître que le hasard est présent dans les phénomènes naturels. La théorie de l'évolution le relève comme un fait que nul ne saurait contester.

Parler de création ne signifie pas que le hasard serait le seul fruit de l'ignorance humaine; c'est une réalité inscrite dans la condition de la créature. Pour la théologie catho-lique, l'opposition entre hasard et Dieu est fallacieuse. Elle est même erronée au plan philosophique : le hasard n'est pas lié à l'ignorance; il est possible de le reconnaître et même de l'inscrire dans une philosophie de la nature. Le hasard n'exclut pas pour cette raison toute finalité.

Sur ce point, il importe de préciser le statut de la théorie de l'évolution. Celle-ci retrace l'histoire de la vie. Elle dit ce qui est advenu et ainsi explique la diversité et l'unité de tous les vivants. Elle sait que l'avenir ne se déduit pas comme l'imaginaient les physiciens de l'âge classique fasciné par la mécanique rationnelle. L'avenir est pour une part imprévisible. Ce caractère, loin de ternir la beauté du monde, en dit la valeur. En se plaçant en arrière dans le temps – au tout premier commencement ou à une étape ultérieure – il faut reconnaître que l'homme était impré-visible; cette reconnaissance, loin d'amoindrir la dignité humaine, en dit au contraire la transcendance. Le hasard n'est donc pas contraire à la réalisation du projet de Dieu; son dessein prend en compte cette réalité. La précarité de l'être humain est le signe de sa beauté et de sa grandeur. L'espace d'indétermination ouvert par la reconnaissance du hasard est la trace de l'ouverture où l'esprit prend place.

Les fondamentalistes protestants ou les traditionalistes catholiques butent sur la même difficulté. Ils ne savent pas reconnaître le statut de la révélation chrétienne. Le texte biblique n'est pas, comme pour les kabbalistes, le chiffre secret de la création; il est une parole de vie adressée à l'humanité dans la liberté et la réciprocité. L'inspiration du texte biblique n'est pas une dictée de Dieu faite à un être absent de lui-même et rédigeant un texte qui lui serait étranger. Pour la théologie catholique, le sens littéral du texte biblique est celui que l'auteur voulait signifier. Les récits de la création qui sont au début de la Genèse sont des confessions de foi au Dieu unique; ils participent de la vision du monde du temps où ils ont été écrits; ce n'est pas les dévaluer que de constater qu'ils ont été écrits dans l'ignorance de ce que l'on observe aujourd'hui. Recevoir le texte biblique au sens littéral suppose que l'on ait une vive conscience de cette situation – Dieu a donné au prophète, au sage ou au prêtre inspirés la dignité d'être auteurs, responsables de leurs écrits. La confession de foi qui est l'intention de l'auteur n'est pas invalidée parce que la vision du monde ne correspond pas exactement à ce que l'on sait aujourd'hui. Le lecteur doit donc situer le texte dans son contexte, dans une tradition et dans la vie d'une communauté croyante. Il est essentiel de reconnaître que ces textes ont pour but de montrer comment les créatures sont voulues par Dieu dans un projet d'alliance qui est l'expression d'un amour premier où l'homme occupe une place essentielle.

Comme le texte biblique a été écrit avec le souci d'une expression harmonieuse, la foi en un Dieu unique invite à poursuivre l'effort des sages inspirés et à proposer une approche renouvelée de Dieu à partir de ce que l'on sait de la science d'aujourd'hui. C'est donc être fidèle au Dieu qui se révèle dans l'histoire du salut que de formuler aujourd'hui une approche de Dieu qui n'exclut rien de ce que la théorie synthétique de l'évolution ouvre comme perspective. Cette voie est plus étroite que celle qui se contente de redire des formules du passé. C'est pourtant la seule qui honore un esprit vraiment catholique, terme grec qui signifie universel. Dans cette voie, Michel Delsol fait un pas courageux qui manifeste l'exigence d'une foi en quête d'intelligence de la réalité, comme le souhaite le pape Benoît XVI dans son discours à Regensburg.

Le chemin n'est pas facile car le langage actuel impose des limites. Une de ces limites a été perçue dans le fait que pour dire la spécificité des vivants et la grandeur de l'être humain le terme âme ait disparu de l'usage commun. Il est entendu dans des sens qui le dévaluent. En effet, d'une part, on en fait une entité purement spirituelle qui est si différente du corps qu'elle devient inutile à la compréhension de la vie, et, d'autre part, on en fait une réalité relevant de la seule affectivité. Dans ces deux cas, le terme est devenu dérisoire. Il serait temps de revenir à la notion d'âme entendue au sens traditionnel de principe d'unité d'un être vivant et de reconnaître qu'il est entendu diversement selon les niveaux de complexité dans la nature. Ainsi le terme pourrait dire l'unité de chaque être vivant et dire la spécificité de l'être humain qui par tout lui-même est spécifié par un esprit apte à la réflexion et à l'usage d'une raison qui transcende l'immédiat et l'ordre de l'utile. Le livre de Michel Delsol ouvre sur de telles perspectives ; il invite à poursuivre le travail de réflexion dans le respect des savoirs, sciences, philosophie et théologie.

Jean-Michel MALDAMÉ

BIBLIOGRAPHIE

CUÉNOT L., *Invention et finalité en biologie*, Paris, Flammarion, 1941.

– *Hasard ou Finalité. L'inquiétude métaphysique*, Bruxelles, Éditions du Renouveau, 1946.

CLAVIER P., *Dieu sans barbe*, Paris, La table ronde, 2002.

DELSOL M., *Cause, Loi, Hasard en Biologie*, Paris-Lyon, Vrin-IIEE, 1985.

– *L'Évolution Biologique en vingt propositions*, Paris-Lyon, Vrin-IIEE, 1991.

— et EXBRAYAT J.-M. (éd.), avec le concours de J. Flatin, J. Gayon, M.C. Groessens van Dyck. Th. de Koninck, D. Lambert, M. Lamotte, H. Le Guyader, A. Le Thomas, J.-P. Parent, R. Payot, O. Perru, H. Sauquet, *L'évolution biologique. Faits – Théories – Épistémologie – Philosophie*, 2 vol., Paris-Lyon, Vrin-IIEE, 2002.

DAMASIO A. R., *Spinoza avait raison*, trad. fr. J.-L. Fidel, Paris, Odile Jacob, 2003.

DORON R. et PAROT F. (dir.), *Dictionnaire de psychologie*, Paris, PUF, 1991.

FOULQUIÉ P. et SAINT-JEAN R. (dir.), *Dictionnaire de la langue philosophique*, Paris, PUF, 1969.

Grand dictionnaire de la psychologie, avec les contributions de H. Bloch, R. Chemama, E. Dépret, A. Gallo, P. Leconte, J.-F. Le Ny., J. Postel, M. Reuchlin, Paris, Larousse, 2000.

HOCHMANN J. et JEANNEROD M. (éd.), *Esprit où es-tu? Psychanalyse et neurosciences*, Paris, Odile Jacob, 1991.

JACOB F., *La souris, le mouche et l'homme*, Paris, Odile Jacob, 1997.

KÖHLER W., *L'intelligence des singes supérieurs*, Paris, PUF-Centre d'étude et de promotion de la lecture, 1973.

LESTEL D., *Paroles de singes*, Paris, La découverte, 1995.

– *Les origines animales de la culture*, Paris, Flammarion, 2003.

MALDAMÉ J.-M., *Création et Providence*, Paris, Le Cerf, 2006.

MEYERSON É., *Identité et réalité*, Paris, Vrin, 5ᵉ éd., 1951.

MORANGE M., *Les secrets du Vivant*, Paris, La Découverte, 2005.

PETTER J.-J., *Le propre du singe*, Paris, Fayard, 1984.

POUPARD P. (Cardinal), *Ce Pape est un don de Dieu. Entretien avec M.J. Guillaume*, Paris, Plon-Mame, 2001.

VALATX J.-L., « Cerveau et Pensée. Approche phylogénétique et ontogénique », dans *Évolution et Création. Du big bang à l'homme*, Groupe interdisciplinaire des Facultés catholiques des Sciences de Lyon, 1987.

VAUCLAIR J., *L'intelligence animale*, Paris, Seuil, 1995.

VIAUD G., *L'intelligence*, Paris, PUF, 1946.

WAAL F. de, *De la réconciliation chez les primates*, Paris, Flammarion, 1992.

– *La politique du chimpanzé*, Paris, Odile Jacob, 1995.

– *Le bon singe*, Paris, Bayard, 1997.

– *Quand les singes prennent le thé*, Paris, Fayard, 2001.

TABLE DES MATIÈRES

ACHEVÉ D'IMPRIMER
EN AOÛT 2007
PAR L'IMPRIMERIE
DE LA MANUTENTION
A MAYENNE
FRANCE
N° 227-07

Dépôt légal : 3ᵉ trimestre 2007